散歩の達人
POCKET

ライブハウスの散歩者

ホール・カフェ・フェスも含む

LIVE HOUSE STROLLER

大槻ケンヂ

交通新聞社

はじめに

ライブハウス、ホール、フェス、カフェ等、
ミュージシャンが演奏する場所を拠点に、
そのポイント自体、またその周辺、
あるいはそのハコから思い出す出来事を
エッセイ風にまとめてみました。
本書を片手に、ライブスポットをめぐるちょっとした散歩、
旅行を楽しんでもらえたならうれしく思います。

ちなみに本書は雑誌『散歩の達人』連載
「ハコをめぐるＲＯＣＫの冒険」をまとめて改題したものです。
文中に「今号のお題は○○とのこと」などとあるのは、
掲載時の『散歩の達人』のその月の特集を表しています。
難しいことは書いていない
ライトエッセイ風散歩&旅ガイドなので、
サクサク読んでいただいて、
読み終えたらパッとその場所や周辺へ出かけてみてくださいね。

２０１6年9月25日
大槻ケンヂ

Contents

本書は月刊『散歩の達人』連載「ハコをめぐるROCKの冒険」(2013年10月号〜2016年9月号)に、加筆修正をしたものです。◉記載されている内容は、2016年9月現在のものです。◉休日は原則として定休日を表記しています。年末年始、お盆、臨時休業などは省略しております。GW、お盆、年末年始などは変更になる場合がございますので各施設、各店舗にご確認ください。

Contents

2010年10月11日、『ネイキッドロフト』にて

2013年2月2日、『STAR PINE'S CAFE』のステージ裏にて

2015年11月14日、『恵比寿LIQUIDROOM』にて

2014年7月6日、『STAR PINE'S CAFE』にて

2016年4月23日、『恵比寿LIQUIDROOM』にて

2014年5月24日、『梅島Yukotopia』(現在閉店)にて

2012年6月10日『恵比寿LIQUIDROOM』にて

2015年12月5日、『晴れたら空に豆まいて』のイベント時のポスター

2013年6月22日、『中野サンプラザ』にて

2015年7月20日、旭川『アーリータイムズ』にて

2012年6月10日、『恵比寿LIQUIDROOM』の楽屋にて

2012年5月19日、『赤坂BLITZ』にて

2011年11月25日、『新宿LOFT』にて

『STAR PINE'S CAFE』のライブ前のステージ機材

弾き語りで訪れた、金沢『もっきりや』

『梅島Yukotopia』のキッチンにて

『STAR PINE'S CAFE』のステージでマイクを拾う

『ロフトプラスワン』の楽屋にて

2012年6月17日、『TSUTAYA O-EAST』のステージ裏にて

Live
house
stroller

Vol. 01

いくらなんでも……な破壊的パフォーマンス

The Live Spot

幻のハコ『都立家政スーパーロフトKINDO』

ロックミュージシャンはライブハウスなどの演奏会場を「ハコ」と呼ぶ。

当コラムは、日本全国のハコ、そこにまつわるエピソード、周辺の風景、あるいはハコそのものについて書いていく新連載。よろしくお願いします。

さて、今月号は中野・高円寺の特集とのこと。中野は僕の生まれ故郷。高円寺もムッチャ地元だ。高円寺には昔から多数のライブハウス……ハコがある。北口出たとこの『JIROKICHI』はジャズ系が中心。南口の『東高円寺二万電圧』はパンクス御用達。ピンサロの並ぶ仲通り商店街には『Show Boat』がある。ここは手練《だ》れのミュージシャンが趣味的セッションに用いることも多く、僕はここの前をしょっちゅう通るのだけれど「あ、先月は○○君出てる」「え？○○さん今夜やるんだ」と、友人知人ミュージシャンの安否確認にとても便利なハコなんである。

最近は『高円寺HIGH』というハコに何度か出演した。南口下って左に折れてインド料理屋の先行ったアメコミ屋の向かいである。テクノ、ニューウェイブに強いハコだ。今年（2013年）7月には「NESS」というそっち系のバンドのゲストとして出演してきた。

当日、NESSの他にもう一つバンドが出た。ラストにはそのバンドの「山本さん」というギターの方がNESSに参加する形式で、セッションも行なわれた。僕よりちょっと年上らしい山本さんは、この日、リハはちゃんとやったのに、何をしてたのか自分のバンドの本番に遅刻してしまったのだそうで、セッションになってもちょっとすまなそうな表情でギターを抱えていたのであった。

ステージ上で初対面となった僕が「はじめまして」と語りかけると、山本さんは「あ、ども」と言って軽く会釈を返してくれた。その、ラフというかユルいライブ本番中の風景が『いかにも高円寺って感じでいいよな〜』と思ったものだ。

たった一駅隣だというのに、中野駅周辺にはハコが昔からあまり無い。無いことは無いのだが、ロックバンドが出演するハコとなると、『ZEROホール』や『中野サンプラザ』といった大バコに限られてしまう。エリアを広げれば沼袋に現在ライブハウスが1店あるようだ。

さらにグッっと範囲を拡大するなら、時は80年代にまで遡るが、西武新宿線の都立家政に〝幻のハコ〟が一店あった。

まったくあのハコは今でも幻であったとしか思えない。

住んでる人には申し訳ない。都立家政なんて町は、親戚でもいるか鷺宮高校の生徒でもなければ一生に一度も来ることの無いマイナーなとこである。

いや本当、隣町・野方の生まれの僕が言うんだから間違いない。しかも、新青梅街道を越えた北側、練馬寄りの周辺は、80年代であっても「え!?　ここ本当に東京?」と焦るほどにノドカな、キャベツ畑の広がる一帯だった。

その牧歌的風景の中に、ある日突然ライブハウスが出現した時の驚きたるやなかった。『都立家政スーパーロフトKINDO』。

突如出現した畑の中のハコにはそう看板が掲げられていた。一体、何を考えて都立家政のはずれにロックのハコを作ったのか今でもさっぱり意図不明なのである「KINDO」という名前は、店長かオーナーがマンガ『マカロニほうれん荘』の登場人物「きんどーちゃん」に似ているから付けられたのだ、とバンド界隈でもっぱらのウワサであった。真偽のほどは定かでない。

しかし、ありえへん立地条件が逆に面白がられたのか、週末になるといろんなバンドがKINDOに出演していた。

パンク、ノイズのバンドも多かった。「畑の真ん中なら何やってもOKっしょ」と彼らは思っていたのではないのかと思う。


でも……いくらなんでも、それにしても、というパフォーマンスもKINDOでは行われた。

85年、夏、ノイズユニット「ハナタラシ」の某さんが、土木機械のユンボ車でKINDOの壁をつき破って登場したのだ。

場内でひとしきりショベルアーム振り回して暴れた後、車から流れ出たガソリンに火が点《つ》きそうになりライブは中止になったそうな。

某さんは以前にはチェーンソーで自分の足を少し切るというパフォーマンスも行っているようだ。その件について触れた雑誌インタビューでは「あの時は痛かった」とのコメントを残している。表現者の狂気性、天才と、それを俯瞰《ふかん》で見た時に生じる面白さ、バカバカしさを表す言葉として「あの時は痛かった」を超えるものが今後現れることはないのではないか。

閉店を前提としてのユンボ車突入許可があ

ったのかもわからない。

ＫＩＮＤＯはその後、また幻のように忽然《こつぜん》と都立家政の畑から姿を消した。

某さんは出演したライブに今度はダイナマイトを持ち込みイベントを中止させたりしていたようだが、今はあるバンドの中心人物として世界的に活躍している。人生ってわからない……。

そして、この稿を書くにあたってハナタラシとその世界的なバンドを調べていたところ、両方に山本精一さんという方が参加していて、彼こそがなんと、この前高円寺のハコでセッションしたあの、遅刻の山本さん、その人であることが判明して今、僕はビックリ仰天しているところなのである。

都立家政
スーパーロフトKINDO

鉄工所から「北方舞踏派」のけいこ場を経て、1984年ころライブハウスに。ザ・ブルーハーツなどもステージに立った、伝説的なハコ。現在は閉店。

Vol.
02

ライブ会場と楽屋の間にあった、夢のような“キャバレー”

The Live Spot

『神戸チキンジョージ（旧）』

今月号の特集は神楽坂とのこと。神楽坂とロックだなんてさっぱりリンクポイントがないように思えるが『神楽坂エクスプロージョン』というハコがある。今年で創業二十七年だそうだ。このエクスプロージョン、僕の若い頃はヘヴィメタルが中心のライブハウスというイメージだった。連日メタルバンドがブッキングされていた記憶がある。

「鋲《びょう》付き革ジャンに赤や金のメタラーたちが、あの日本情緒のある坂をフライングVとかかついで上り下りしているのかなぁ」「やっぱり名物ペコちゃん焼きも食べるのかしら?」とメタルat神楽坂の奇妙な風景を想像してはちょっとほっこりしたもんだ。残念ながら僕は出たことも行ったこともない。

HPをチラ見したところ、現在はメタルより地下アイドルのイベントが多いようだ。地下アイドルat神楽坂とはさらに気になる異文化交流坂なれど、あまり詳しくないハコについて書くのもなんだから、特集地にナジミのハコが無いときは、違う町の、印象に残ったハコについて記していこうと思う。

というわけでポンと飛んで神戸である。生田神社のすぐそばにある『神戸チキンジョージ』は、ツアーをするミュージシャンなら一度は必ずお世話になる老舗のハコだ。

出演するミュージシャンは海外からも沢山やってくる。筋肉少女帯が90年代後半にここで演奏していたところ、屈強な黒人集団がフロアにゾロゾロ入って来てビビったことがある。でも楽しんでくれていたようで、イエー！とかノリながら『元祖高木ブー伝説』などに合わせて踊っていた。チキンに翌日に出演するファンクの大御所ブーツィ・コリンズのバンド御一行様であったと後に知った。

チキンは一度大きく改装されている。チキンの入ったビルごと新しくしたのではないかと思う。改装以前は老朽化した雑居ビルの中にあった。ライブ会場と楽屋までの間に、けっこうな距離があった。ライブハウスならたまにあることなので別にいいのだ。しかし、問題はライブ会場と楽屋との間に、なんとキャバレーがあるということだ。

ライブハウスの舞台側の扉を開けるともうすぐそこに、大バコ、というのだろうか、ステージがあってハコバン（お抱えバンド）がいて「そして神戸」などを多少ラテン風に演奏しているその前で背広のおじさんと、ネグリジェのようなものを着た若くはないホステスさんとがユラリユラリと踊っている姿を、高い天井にミラーボウルのわびしく回転する、昭和の写真で見るような、大人の社交場・キャバレーが忽然《こつぜん》と出現するのだ。

夢でも見ているようだ。

僕が初めて旧チキンで演奏したのは80年代の終わりであった。すでに大バコのキャバレーなんていう娯楽施設はレトロになっていた。客もあまりおらず、言ってはなんだが寒々とした風景として若い僕の目には映った。昔は流行っていたのだろう、キャバレーは階を二つぶち抜いた吹き抜けの構造だった。天井近くには渡り廊下があった。ライブ本編を終えたロックバンドはそこを通って楽屋へ戻るのだ。

楽屋の隣は、ホステスさんたちの控室であった。キャミソール……いや、シュミーズ一枚の彼女らが、控室の前で表情無くタバコを吸っていた。ホステスもバンドマンも同じ金髪に染めているのに、どうして色彩の感じがこうも違うのであろうか、と、また若き日の僕らは思ったものだ。

アンコールを演奏しにライブハウスへと戻るときも、またキャバレーの中を通ることとなる。ミラーボウルの照らすいなたい空間を抜けると、沢山の若者たちがワー！　キャー！と言って僕らを迎えてくれるのだ。

これまた夢の中で見るような場面の大ドンデン返しに、「心が追いつかないよ」と声には出さず思いつつ、激しいロックをプレイして、そしてまた扉。一瞬で、昭和レトロへとタイムスリップさせてくれる扉を開けて、大バコのキャバレーへとバンドマンたちは入っていくわけだ。アトラクションみたいだった。

どれだけライブが盛り上がった時でも、あのうすらさびしいキャバレーの中へと入ると一挙に気分がへこんだ。もちろんキャバレーの人々は皆それなりに楽しい時間をすごしていたのだろう。でも、まだ二十歳そこそこのロックを志す若者にとっては、どれだけ今が輝いていても次の瞬間から人生どうなるかはわからない、これから何度となく来るのであろう生きる上での場面転換、その大変さの象徴として目に心に映ってしまい……きつかったなぁ、あの神戸のキャバレー往復の道は。

でも今にして思えば、いい人生勉強をさせてもらったような気もする。

逆に、あの時の大人たち……ハコバンの演奏者たちやホステスさんたちには、若い内からロックなんかに夢中で、将来や現実を見ようともしなかった僕たちは、一体どんな風に見えていたのだろう？

と、当時の彼らと同年代、むしろ年上になってしまった現在、僕は気になるようになっているのだ。

THE LIVE HOUSE
CHICKEN GEORGE

JR三ノ宮駅、阪急電車神戸三宮駅、阪神電車・地下鉄ポートライナー三宮駅から徒歩10分。神戸市中央区下山手通2-17-2 B1
☎078・332・0156

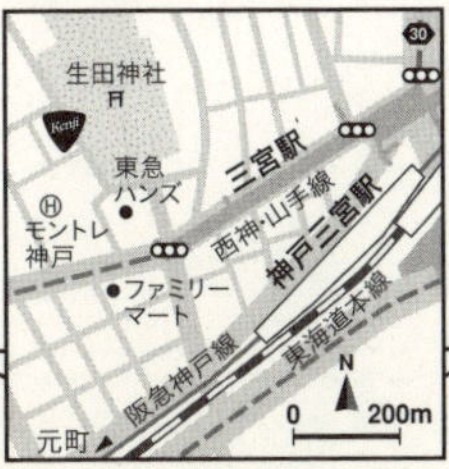

Vol.
03

待ちに待った地元のライブハウスの完成に小走りで行ってみれば……

The Live Spot

コンサートホール野方

僕が生まれ育った中野区の野方は、商店街の町である。

駅を降りると細い道が網の目のように四方へのびていて、その多くの両側には店がズラリと並んでいる。

商店街を抜けると住宅街に町の風景が変わる。

僕はそちらのエリアに住む子供として幼少期をすごした。

千円札を一枚持たされて、商店街にちょっとした買いものを言いつけられることがよくあった。五〜六歳の頃か、何を勘違いしたのかお豆腐屋さんの店先で「メンチ四個くださ

い」と元気よく注文してしまい、店の人にアハハと笑われたことをよく覚えている。自分で言うが、あの時のケンちゃんの困った顔はとってもかわいらしかっただろうなと思う。

夕暮れ時に、母と兄と買いものに商店街へ行くことも多かった。

「らっしゃあい安くなってるよおっ」と威勢のいい商店街エリアの人たちのテンションは、住宅街エリアに暮らす僕にはちょっと怖い時もあった。たまに母の後ろにかくれたものだ。

高校生になって、そのエリアの花屋の息子と筋肉少女帯を組むことになるとは、夢にも思わなかった。

今も昔も野方にはバンドマンが多い。

住宅エリアに家賃の安いアパートが多いためだろう。たまに実家へ帰ると、顔面にピアスをたくさん着けた金髪の若者たちとすれ違う。練習スタジオも野方にはいくつかある。

ではハコは……と言えば、思いつく限り「withホール」という区営の会館があるだけだ。ロック系のライブハウスというのは無い。昔から無かった。バンドマンが沢山住んでいるというのに、一つくらいあってもいいのじゃないか？　と、それこそ花屋の息子の筋肉少女帯メンバーなどとよく話していたものだ。住んでいる町にハコがあるというのはバンドマンの一つの理想である。ライブ後にどんだけ飲んでもすぐ帰れるからね。

十年以上前であったか、バンドマンの間で「野方にライブハウスができる」とのウワサが広がったことがあった。

しかも、けっこうでかいハコができるというのだ。

「えっ⁉　あのゴチャゴチャした町のどこにそんなハコができるの？」

地元バンドマンとして聞きずてならない。思わずウワサを教えてくれたミュージシャンに尋ねたところ、返ってきた答えは地元民にとってWに衝撃的なものであった。

「長崎屋をつぶしてそこにできるみたい」

「……え？　長崎屋なくなっちゃうの？」

昭和40年代の野方民にとって町の中心（どこが中心とも言えない町だが）にある長崎屋は、町最大にして唯一のデパートであり、ランドマークタワーのような存在であった。何せ町でただ一つ、エスカレーターが付いている建造物（三階建て）であったのだから。家族そろって長崎屋に行く時は、ちょっと誇らしげな気持ちにさえなったものだ。

「そうかぁ……時代は変わるなぁ……」

野方のシンボルであった長崎屋も、築何十

年も経ったことか。閉店もやむをえまい、残念だ。しかし、何だって？　ライブハウスに生まれ変わるだって？

　これには興奮した。

　想い出の地の終焉《しゅうえん》。だが、その地が、ずっと待ち望んでいたハコにリニューアルされるのだ。

「すごい！　でもその情報ってどこから？」

「なんか建築関係の人が『野方の長崎屋の跡地にコンサートをやるホールを作る』って言ってるみたいなんだよ」

「コンサートをやるホール？」

「うん、ライブハウスのこと言ってるんじゃないかなぁ。オーケン、野方の長崎屋ってどんなとこ？」

「商店街の中にある、ホラ、『笑い地蔵』さんがある坂の横だよ……って、地元民しかわからないか。ま、三階建てでライブハウスにするなら天井高く取れるね。フロア違いで二つハコ入れられるよ。楽しみだなぁ」

　それから数週間後、野方の長崎屋は本当に閉店した。

　クローズの日には僕も行った。幼き日に家族で並んだエスカレーターに、しんみりした気持ちで乗ってみたりもした。

　本当に、時代は変わる。町の風景は塗りかえたようにふいに場面転換してしまう。とは言え、ハコだ！　ライブハウスに変わるのだ！　この町にバンドマンやお客さんが集うなら、うるさくはなるけれど、この商店街の町もまた新たな活気に沸くことになるであろう。

「楽しみだ」

　本当に楽しみにコンサートをやるホールの完成を待ったのである。

　実際、工事も始まった。思ったより豪華な外装の建てものが徐々にでき上がっていく様子に興奮した。

「我が故郷の町に、こんな立派なハコができるなんて！」。

それは、長崎屋に対しての昔と同様の誇し気な気分と言っても、大げさではなかった。

そして数カ月後、ついにハコが完成した。

僕はその頃は野方から離れて暮らしていたので、完成を知らなかった。ある日、用事で実家へ帰った後「あ、そうだライブハウスできただろうか」と思い、小走りで、笑い地蔵のある坂を下って旧長崎屋跡地に向かったのだ。

　そしてピッカピカどころかギッラギラのその新築建造物を見て息を呑《の》み、声を失った。

「コンサートホール野方」

　と、確かに新築建造物の看板にはあった。

だが、しかしそれはライブハウスではなかった。

「……パ、パチンコ屋じゃねぇかよオイ」

コンサートホール野方とは、野方でコンサートをやるホールではなく、野方で楽しく打てるパチンコ店の名称だったのである。ガーン！

Vol. 04

LIQUIDROOMに来る ロックの神様は誰か?

The Live Spot

『恵比寿LIQUIDROOM』

恵比寿のハコと言えばなんといっても『LIQUIDROOM（リキッドルーム）』である。

恵比寿駅の西口を出て右へ曲がり、橋を渡って大通りを左へ曲がったらすぐ。散歩にもならない駅近だ。お目当てのバンドの開始時間までちょっと時間があるという人は、ガーデンプレイスの方からダラダラと坂を下って来るとちょうどいい散策になるでしょう。

LIQUIDROOMはバンドマンにとって何かと居心地のいいライブハウスだ。収容キャパはMAXで九百人。そこそこ人気の出て来たバンドには、千人キャパの『TSUTAYA O-EAST』や、ホール公演を目指してのちょうどいい中継地点になる。逆にホールクラスのアーティストにしてみれば、ファンと密接な距離で対峙《たいじ》できる〝プチ大バコ〟だ。

貸し切れば打ち上げ会場にしてもらえるカフェが楽屋のすぐ横にあるというのもうれしい。ライブ後の肉体疲労がハンパ無くなってきたアラフィフロッカーとしては、ドア・トゥ・ドアでの打ち上げというのは「来てたのかドラえもんが、今日お客さんで」と喜びたくなる、どこでもドア感覚なのである。

楽屋も広めである。三つある内の一番広い楽屋には寝っころがれるくらい大きいソファもある。僕は実際、盛り上がったライブの直後にこのソファに疲労困憊《こんぱい》のままデーンと引っくり返り「あ〜満足、もうこのまま死んでもい〜や〜」などとよく思う。

ただ、「どうにかならんのか？」と思う点もある。

廊下と階段だ。

楽屋からステージまでの距離が長い……長いのだ。

「下山か？」と思うくらいエンエンと（本当に）廊下と階段を下っていかないと舞台にた

どり着かない。駅と打ち上げ場所は近いのに。

どれだけ長いかと言えば、途中にトイレが設置されているほどなのだ。これがもしライブ中に生理現象欲求に耐えられなくなり、あわてて楽屋へ戻ろうとしたものの、間に合わなかったロッカーの存在があってからのトイレ設置であったのだとしたら、僕は同業者として同情の涙を禁じ得ない。

長い長い廊下と階段。

これからライブへ向かう時はそれでもまだいい。その距離がむしろ戦意を上げてくれると感じるミュージシャンもいるだろう。

だが、帰りは、きつい。二時間強の熱演が終わっての帰路にあの坂道を登るのは、言いたかないがきつい。膝や腰にはどうにもこたえるのだ。

も〜ぜーぜー言いながらようやく〝登頂〟に成功して例のソファに背中からダーンと倒れこんだ時など、僕は思わず心で叫んでしまう。

『あ〜満足。もうこのまま死んでもい〜や〜』

と言うか、本当にこのまま眠り込んであの世へ行ってしまうのではないかなオレ、とさえ思う。心臓破りの坂なのだ。

ま、ライブやり切ってそれでポックリいってしまうなら、ロッカーとしては本望なところもある。ロックの神様も「ようがんばったのう」と少しはほめてくれるのではないか。

恵比寿LIQUIDROOMにロックの神様降臨とはいい絵だな、とも思う。ロックの神様は一体どんなかっこうをしているのだろう？　恵比寿様のかっこうだけはやめてほしいもんである。なんかめでたいけど。

やはりロックの神様にはロッカーの姿……すでに天に召されている実在したロッカーの姿で現れてほしいもんだなと思う。

とはいえ、その人選は難しいところだ。

例えばなんかあんまりナジミのないロッカーの姿で来られても申し訳ないがピンと来ないではないか。レナード・スキナードのメンバーとかデュアン・オールマンとかの姿で来られても個人的には「……YOUは何しに日本へ?」とか尋ねてしまいそうだ。

ではメジャーどころならいいのかと言えばそういうわけでもない。

エルビスの姿でギラギラ衣装でやって来たなら、雰囲気だけれど「……すいません、プレスリー世代じゃないんスよオレ」今際《いまわ》の際に僕はそう言うであろう。

ジョン・レノンも通っていないしジョージ・ハリスンはなおくわしくない。

「ならばこれなら知っておるじゃろ? 世代じゃろが、ホレ」と言って、神様がキッスのメンバーのかっこうに〝ポーン〟と変身してくれたとしよう。でも、だ。

「……あ、エリック・カーね。すんませ~ん、エリックがドラム叩いてた頃のキッスはちょうど聴いてなかったんですよぉ僕」

「ありゃ、じゃ、これでどうじゃな?」

「なるほど、カート・コバーンですか。う~ん、言っても芸歴じゃアイツ後輩なんでねぇ、あまり神様って感じしないんですよね~」

「芸歴!? う~ん、そんなもんかのう。そしたらこれは?」

「あ、尾崎豊さんね、いや~先輩だけど同い歳《どし》だし、日本の人は神様っていうより幽霊っぽく見えてちょっとやだな~」

「じゃあ、これでどやっ!」

「シド・ヴィシャス!? シドは無い。シドは無いな~。ありゃ神様になりませんよ、神様」

「ま、そうだな。じゃあ次、出たこれハイ、どう?」

「おっ、マーク・ボラン! う~ん、いいかも、T・REXは若い頃よく聴いてたし」

「じゃろ? ジム・モリソンだと暗いしフレ

ディ・マーキュリーだと死後にゲイ疑惑が浮上するかもしれんしな。よし、ではマーク・ボランの姿でお前を天国に連れていってやろう」

「ありがとうございますロックの神様。ライブもやり切って、お客さんも盛り上がってくれて、もう言い残すことないっス。よろしくお願いします」

「ふむ、では立ち上がりなさい。ワシと一緒に登るのじゃ、さあ、天国への階段を！」

「え!? ここからまた階段を登れっての!? 冗談じゃねぇよ、こちとら散々歩いて来たばかりだよ、さらにそんな階段登るんだったらもう死ぬのやめる！」

と、ロックの神様に怒鳴りたくなるほどにLIQUIDROOMの廊下と階段は長いのよ、というお話しでした。

恵比寿LIQUIDROOM

JR・地下鉄恵比寿駅東口から徒歩3分。渋谷区東3-16-6 ☎03・5464・0800 メインホールのほか、ラウンジ、カフェ&ギャラリーの3つの施設も。

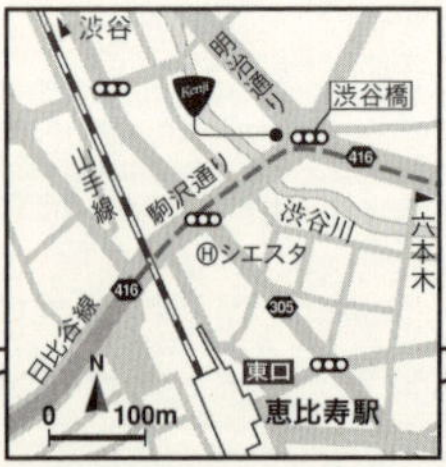

Vol.
05

〝ライブ後酒場〟と〝ライブ前酒場〟

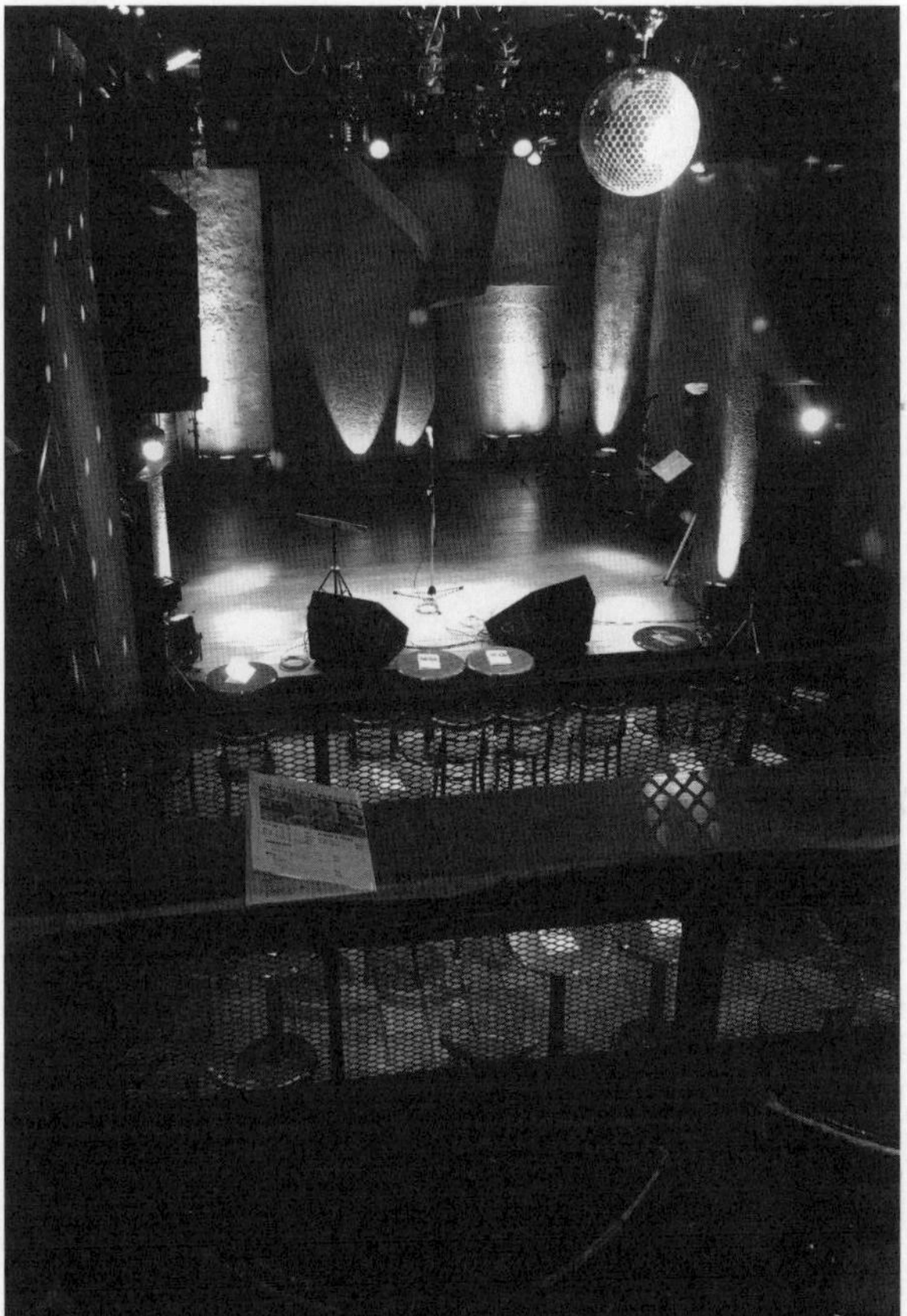

The Live Spot

吉祥寺
『STAR PINE'S CAFE』

今号の特集は「40歳からの東京酒場」とのこと。個人的には、四十歳くらいからライブ後の打ち上げはライブ会場かその楽屋……つまり、ハコ自体が酒の場となることが多くなった。

特に東京での打ち上げ会場は最近めっきり演奏後のハコだ。メンバーやスタッフや観に来てくれた友人知人たちと、お客さんのはけたハコのフロアか楽屋でビールなど飲んで、談笑して、それで解散。あっさりしたもんだ。

この四十代からの〝ハコ即打ち上げ会場化〟の理由は、演奏を終えてから飲み屋まで移動する過程が、ほとほとめんど臭くなってきたからだ。

スタッフから打ち上げ会場の書いた紙をもらって、店を探して、着いて、全員揃うまで待って、揃ってからの「ビール以外の方ぁ!?」とかのやり取りもめんど臭いし「このウコンのトロピカル風サワーってありますかぁ?」とか言い出す輩の空気の読めなさにイラっとするのとか、デビュー二十五年の四十代にしてみればもう「それ、やめよう」って感じ。

それより、サクッとハコで打ち上げて終わらせちゃった方がどれだけ楽か。

ロッカーはケの日ハレの日のハレを仕事としているから、仕事の後の酒場に求めるのは祝祭ではなくホッとできる空間、なのである。特に四十代となればなおのことだ。

打ち上げ酒場として都内のハコを考えた場合、では具体的にどのハコが飲み屋として「ホッとするよね〜」かなぁと考えたならば、今パッと思い浮かぶのは『ロフトプラスワン』の楽屋である。

歌舞伎町の旧コマ（劇場）の裏の地下にあるトークライブ中心のハコだ。

サブカル、アングラ、オタクなテーマでハプニングの起こることも多いハコ。そこに、七人くらい入ったら満員の楽屋がある。広さ、形状、雰囲気などが、ちょうど七人くらいでまったり飲むのにいい空間なのだ。「こんな個室のある居酒屋があったらいいのにな」と、よく思う。

ハプニングも多いハコの中にある落ち着ける場所、という異空間性が酒場の構造としてよくできているのかもしれない。

ちなみにハプニングってたとえばどんなことが起こるのかといえば、僕の出演したイベントではいきなり客席から「私というものを知ってほしい」と言って若い女の人が舞台に上がってきたと思ったら、これまた唐突に「自慰でエクスタシーに達した演技をするメグ・ライアンの様子」というのを演じ始めて出演者と客席が一斉にポカーンとしたり、なんかである。

これはプラスワンでは比較的軽度のハプニングである。

でも、どんなことが舞台で発生しても楽屋で飲んでる分には安心、との〝結界意識〟も、プラスワン楽屋酒場のほっこり感を増してくれているのだろう。

『STAR PINE'S CAFE』(みな「スタパ」と呼ぶ)も打ち上げ酒場としてとてもいい。

JR吉祥寺の北口を出て約三分、小道へヒョイと入った左側だ。長い長い階段を下っていくと吹き抜けの二階席もあるホールに出る。楽屋はとても狭いので、終演後、お客さんがはけると二階席にテーブルを置いて打ち上げが始まる。この二階は二十人くらいでいっぱいだろうか、さっきまで自分らが演奏していたステージを見下ろしながら、二十人くらいで飲むにはちょうどはまる広さの空間だ。食事もスタパは美味《うま》い。いい東京酒場である。

さて二つの〝ライブ後東京酒場〟を紹介したところで……ロッカーには人によって〝ライブ前東京酒場〟が存在することも触れない

わけにはいかないだろう。「ちょっと引っかけた方が気合が出るから」「緊張をほぐすため」などと言い訳をしてはライブ前に酒を入れる輩が少なからずバンドマンにはいる。

僕は「親父の遺言で」と言ってビールを二缶開けてしまう。ちなみに、親父は健在なのだが。

中には「酒が好きだから」という、変化球に過ぎる（むしろ直球である）弁明（？）で飲む者もある。

ある時、ツアー先の北海道のハコでライブ前にウオッカを飲んでいるミュージシャンがいたので「いくらなんでもウオッカは……」とたしなめたところ「はい、もうウオッカはやめときます」と素直に謝った。で、次の仙台の楽屋で彼はテキーラを飲んでたっていうね……。

ライブ前酒場となれば当然それもハコの楽屋かと思えば、リハーサルから本番までの合間に、ちょっと外を散歩してついでに一杯やってくる、という者もいる。

この散歩はけっこう楽しいのだ（いけないことです、すいません）。吉祥寺ならハモニカ横丁へ行って、マッチ箱みたいに小さな居酒屋のカウンターでハイネケンを傾けてもいいし、南口へ流れて、酒好きで知られた今は亡きフォークシンガー・高田渡さん行きつけの『いせや』で焼き鳥をつまみにしてもいい。

そうしてスタパへ戻って何食わぬ顔して歌い始めるわけだ。するとあからさまにほほが真っ赤だったりして。

でも言い訳じゃないけど、演者のちょっとほろ酔いのゆるい感じを観たいという類いのライブというのもあるのだと僕は思うのだ。そうだそうだきっとそうだ、などと独り言をつぶやきながらもう一杯飲んでしまうわけだ。本番前に。

それでも際限無く飲んでは大変なので、飲み始める時間を決めている。本番のちょうど一時間前からだ。そうすると飲んでも二杯だし、ちょうどいいテンションでステージへ上がれるのだ。

友人のミュージシャンの一人は「俺は二時間前から」と決めているのだそうな。彼とスタパで何年か前にライブを行った。その日はリハが早く終わり、彼の出演時間までかなりの間が空いた。「至福の二時間前」まであと二時間もあっただろうか。彼は飲みたそ～に楽屋でじっと時計を見つめていた。しばらくその様子を見ていると、ふいに彼が両腕を上げた。両手で壁から時計を外すと彼は、時計の針をピッタリ二時間早回しして、ふ～、とため息をついた。「早いな、もう本番二時間前かよ」と誰に言うでもなく言葉を口にして、

そして、しょうがね～な～、という顔をして缶チューハイをプシュッ!と開けた。

STAR PINE'S CAFE

JR・私鉄吉祥寺駅北口から徒歩3分。武蔵野市吉祥寺本町1-20-16 B1 ☎0422・23・2251 ドリンク600円～、フード500円～。

Vol.
06

大玉ころがしでたどり着く、憧れの“玉ねぎ”ライブハウス

The Live Spot

大きな玉ねぎの下で〜
『日本武道館』

今号の特集は東急大井町線……う〜んギブアップ。その界隈にライブをするところを僕は知らない。今回はどこか他の町のハコについて書こう。

どこにしよう？　ちょうど正月に、二日連続で旧知のバンドを日本武道館に観に行った。今回は武道館でいってみよう。

かつて「ライブハウス武道館へようこそ」と言ったのはＢＯØＷＹであった。武道館はロックミュージシャンにとっては憧れのハコとして一種の象徴である。屋根の上に載った擬宝珠《ぎぼし》を根菜に見立てて爆風スランプは、「大きな玉ねぎの下」と歌った。

散歩的に言えば大きな玉ねぎの下へたどり着くルートはいくつかある。

靖国通りから牛ケ淵の抹茶みたいな緑色を眺めつつ田安門を登って行くのが最短コースだ。僕も観客として武道館へ行く時はいつもこの坂を登り、田安門の足元の凸凹（なんかありますよね）で必ずつまずく。

逆に、国立公文書館の方から歩いていくコースもある。途中、右手に科学技術館が見える。

あの中にテレビ番組を収録するスタジオがあるのを御存知ですか？

そこで昔、トーク番組の司会をしていたことがある。ある日の収録で、光ＧＥＮＪＩの赤坂君が来るというので待っていたところ、収録ギリギリまでマネジャーらしきおじさんがゲストの席に座っていた。なんと本番が始まっても赤坂君は現れなかった。それで代わりにそのマネジャーらしき方とのトーク収録が始まってしまったのだ。「え？　いいのこれで？」と思いつつ、その方がいい人の上に話しがやけに面白い。とは言え、さすがに気になって「面白い方だねぇ赤坂晃君のマネジャーさん」とアシスタントをしていた水野美紀さんに耳打ちすると、水野さんは驚いた表情で「違いますよ！　ＤＪの赤坂泰彦さんですよ！」当時不勉強で赤坂泰彦さんのことを僕は知らなかったのだ。今でも思い出すと冷や汗が出る。赤坂泰彦さん本当にごめんなさい。

……あ、武道館の話だった。

僕は筋肉少女帯のワンマンで五回、ＳＥＸ　ＰＩＳＴＯＬＳのメンバーが結成したＰ・Ｉ・Ｌというバンドの前座でも武道館の舞台を踏んでいる。

ステージを包みこむように作られた武道館の客席は、一万人を収容するというのにバンドマンとの距離が身近に感じられる。コール＆レスポンスも遠くの人々と交わしている感じがしないのだ。まさに「ライブハウス武道館」という表現はこのハコを表すのに的確である。

とは言え、本来は武道を行うハコであるから、基本、ロック仕様には作られていない。だから楽屋などもだだっ広く古めかしい会議室だったりするし、柔道着を着た人が廊下を歩いていたりもする。僕が本番前、顔面にヒビ割れメイクを入れ、ライブ臨戦状態でピリピリしていたところ、部屋を間違えたらしい剣道着の老人の一団がドヤドヤ入ってきて、お互いにキョトンとしたものだ。

「楽団の方、備品は壊さないでね」

との薫陶を老剣士からいただいた。

……今年の正月は「ＪＵＮ　ＳＫＹ　ＷＡＬＫＥＲ（Ｓ）」、そして「怒髪天」という二つのバンドの武道館公演を観に行った。

前者は通称「ジュンスカ」、筋肉少女帯と共に88年、同じレーベルからデビューした同期である。年齢もほぼ同じ、デビュー当時は二十二歳くらいだった僕たちも、気づけば四十代後半、アラフィフだ。

「昔は黄色い声援だったけど、今は茶色っぽくなったな」

そんな冗談を飛ばしながら、デビュー間もなくから何度となく武道館公演を行っているジュンスカは、さすがにこのハコの使い方を心得ていて圧巻のライブであった。

対して怒髪天は、年齢は筋少やジュンスカとやはり同世代だが、結成三十年にして今回が初めての武道館ライブである。ロッカーの夢に四十代後半で到達したミラクルなバンドなのだ。

やはり思うところがあったのだろう。ボーカルの増子直純さんは、舞台に現れるなり号泣していた。

ファンから「兄貴」と呼ばれる熱い人だからそれもありかとこちらもジンときたのだけど、なんと兄貴、ステージが終わるまで約二時間半、ずーっと泣いているのである。

今まで山ほど武道館でロックのライブを観て来たけれど、そんな光景は初めてだ。わるいんだけどちょっと笑ってしまった。

でも、バンドで食えない時代には穴あき包丁の実演販売をしていたほどの話芸の持ち主である彼のこと、もしかしたら武道館仕様のアレは泣き芸であったのかもな~。僕の周りでも何人もの観客がもらい泣きしていた。

この日の僕の周辺の席は、みんなバンドマンであった。三十年目にしてたどり着いた怒髪天の武道館をぜひ観ようと、数多《あまた》のバンドマンが大集結していた。怒髪天も、そういう〝戦友〟たちのためにまとめて席を用意してくれていたのだ。

そこは一階真正面あたりのエリアだった。怒髪天が、小さなライブハウスを巡り、五十代も近くなって「ライブハウス武道館」にたどり着いた歴史を、数多のバンドマンたちが自分のバンド史を確認しながら観るような構図となった。

誰しもが武道館を目的にロックをやってい

るわけではないけれど、怒髪天の歩んで来た道はバンドマンにしてみればわかり過ぎるほどわかる紆余曲折《うよきょくせつ》だ。グッと来ないわけがない。

「武道館いいよ。みんなもやろうぜ!」

とライブ中、興奮した増子さんが叫んだ。

何十年もロックをやっていると、これは大玉ころがしのようなもので、みんなでロックという大玉をころがしていれば、ある時、人気という大玉も自分のところにころがってくることがある。それは自分の運でもあるけれど、他の無数のころがす手がなければなかったことであり、そして自分も他人にパスする機会もあるのだなと気付く。

で、その大玉は多分、根菜の形をしているのだ。ちょうど玉ねぎみたいな。

日本武道館

地下鉄九段下駅2番出口から徒歩5分。千代田区北の丸公園2-3
☎03・3216・5100(代)

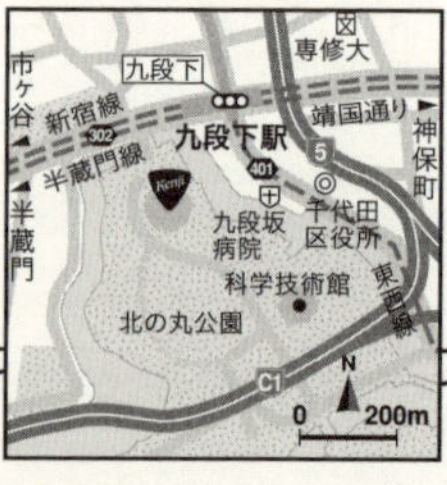

Vol.
07

ロック座に触発されて、全国ストリップ散歩した日々

The Live Spot

『浅草ロック座』

初めて浅草に行ったのは二十歳を過ぎてからだった。

東京左半分に生まれ育った者は、親戚でも住んでいるか、プロレスラーを目指してアニマル浜口ジムにでも通わない限りは、少年時代に浅草あたりに行く機会はあまり無い。東京の学生が修学旅行で浅草寺を訪れることもまず無い。

だから成人を超えて、初めて訪れた時は、下町の風景に激しいカルチャー・ショックを受けた。

特に浅草寺の脇から花やしきを抜けて、屋台の並ぶ一帯には「なんで昼間からこんなに沢山よっぱらってるオヤジがいるんだー！」と心底ビビった。

正直引いたんだが、そのゆるい、言ってしまうとちょっと時代が過ぎたかつての繁華街のやれた雰囲気、これが刺激的で、それからしばらく、暇があると浅草を中心に下町を散策した。

そもそも浅草は、江戸川乱歩のいくつかの小説の舞台である。愛読者として、『押絵と旅する男』などに思いを馳《は》せながら、「例の『浅草の12階』はこのあたりだろうか」などとゆかりの地を歩くのも楽しかった。

しかし、告白するなら、僕をひところ足しげく浅草に通わせた一番の理由は、ストリップなのである。

当時、僕はあるAV女優さんの大ファンで、彼女がストリッパーに転身すると聞いて、出演する浅草のロック座へ観に行ったのだ。

で、彼女のステージはもちろん素晴らしかったのだが、僕はストリップというショー自体のファンになってしまった。

浅草ロック座のショーは、まずステージに出演者が勢揃いしてのダンス、それから一人ずつか数人での踊りとなる。着衣の踊り子がダンサブルな曲に乗ってステップを踏む。衣装をはだけて退場。すると今度はムーディーな音楽に変わり、下着姿で踊り子が登場する。音楽に合わせ下着を取り、それをクルックルッと自分の手首に巻いて、身をくねらせ脚を開く……しかしこれがさっぱりエロくないんである。

僕はロック座のショーに性的なものを感じなかった。むしろ、踊り子さんと音楽と照明のコラボによる、生命の賛美……というと大仰か……なんというか『肉体とはかくも美しい、女性とは神々しい！』と思わせてくれる、やっぱり生命の賛美だな……そんな感動を得たのである。

しかも、その生命の賛美が、ストリップ劇場という、人が聞いてついつい「場末感」を連想させるハコで行なわれているという不思議にも驚いてしまった。

すっかりハマった。一時期、僕は浅草に限らずあちこちにストリップを観に出かけていた。

その頃、バンドのツアーで旅が多かったので、ライブ後にハコめぐりをしたりもした。まさか筋肉少女帯のお客さんも、ライブを終えたその足で、よもやオーケンがストリップを観に行っていたとは思わなかったであろう。

通うにつれ、ロック座は特別なのだなぁということがわかった。

地方のハコでロック座ほど設備が整っているところは無いし、温泉場などのハコに行くと本当にもうそこはザ・場末、と言って間違いないような寂しいムードのハコが多かった。

なかでも某温泉街のハコは、入った瞬間に「生まれてどうもすみません！」と座して謝りたくなるような隙間風吹くバラック小屋みたいなところだった。それなのに登場する踊り子さんがグアテマラ人だとかパナマ人だとか、地球規模なのがなんとも世界不思議発見！の妙なのであった。僕はグアテマラの人なんて生まれて初めて見たし、パナマなんてヴァン・ヘイレンのヒット曲のタイトルでしか聞いたことないよ、と思っていたら出てきたパナマ人の踊り子さんがまた、エドワード・ヴァン・ヘイレンにそっくりな五十路近くの熟女であったという落ちまでついている。

ヴァン・ヘイレンに似ているということは野村義男さんにも似ているということである。その方の、ストリップなのである。まったく世界は不思議議発見である。

他にも、女性器に挿入したパイプから一メートルくらいの炎を噴いて見せる踊り子さんとか、ま〜いろんな光景と遭遇できて面白かった一時期のストリップ散歩だったんだけど、それから数年が経ち、すっかりロック座に通った日々など忘れていたある日、レコーディングスタジオに行ったら、ソファの隅に、小鳥(生きている)を肩に乗せた女性が一人、ちょこんと座っていた。なんと彼女は、ストリップ散歩のきっかけを作ってくれたあの元AV女優の方であった。

「え!? なんで」

実は僕の友人ミュージシャンのまた友人だったそうだ。オーケンを驚かそうとサプライズで彼女を呼んでくれたのだそうな。

憧れの人である。

肩に小鳥が乗っているのは若干気になったけれど、後日、ごはんでも食べに行きましょうと約束を取りつけた。

憧れの女優さんである。僕はもう気ばって服とか選んで気合十二分で待ち合わせの下北沢へ向かったものだ。そしたら、憧れの女優さんはスウェット姿で王将の前で「ちぃース」みたいな感じで待ってらっしゃった。

スウェット、王将、ちぃース、である。

もう、まったくやる気ございませんの三種の神器を揃えてのお出むかえであったので、僕も早急に『あ……今日はストリップの裏話でもおうかがいして大人しく帰ろう』モードにカックンと切り替えたものである。そうしたら、僕のガッカリ感があまりにわかり易《やす》く、彼女も『ちょっと悪かったかなぁ』と思ったのであろう。帰り際、僕を一人タクシーに乗せた後「あ、ちょっと待ってて」と言って彼女はファーストキッチンに駆けこみ、戻ってくると「はいこれおみやげ！」と言ってジャガジャガ振るポテトみたいなやつを一袋持たせてくれたのであった。果たしてそれこそが浅草仕込みの下町人情であったのかわかりませんが、ポテトの袋抱えて一人帰宅した。

　最後に、なんだ今回のハコ、音楽ライブやるとこじゃないじゃないかと言われそうなので一応弁明しておくと、浅草ロック座では93～94年にかけて、内田裕也さんのニューイヤーロックフェスティバルが行なわれている、〝ロックのハコ〟でもあるのだ。

浅草ロック座

つくばエクスプレス浅草駅A1出口から徒歩2分。台東区浅草2-10-12　☎03・3844・0693
入場料一般5000円、女性3500円、カップル7500円。

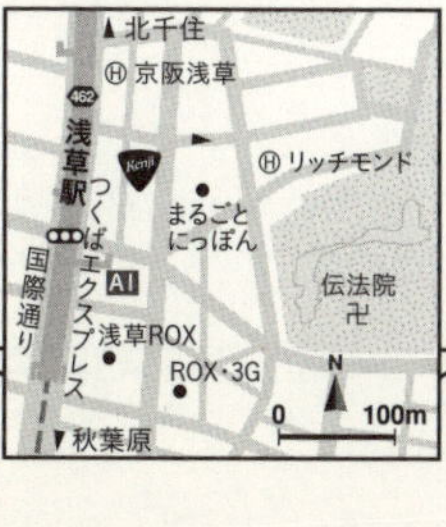

Vol.
08

円山町に行くたびに思い出す、大喜利だらけの初夜

The Live Spot

『TSUTAYA O-EAST』

道玄坂と東急文化村を結ぶ道沿い、百軒店の迷路みたいな小道を歩いていっても行ける一帯……渋谷区円山町と言えば、説明するまでもなく一大ラブホテル街である。あのあたりになぜあれだけの数のラブホが集まったのかについては諸説あるようだ。

金益見さんの『ラブホテル進化論』という研究書によればそのきっかけは「戦時中に焼け残った一般民家が一時の生活の糧を求めて」円山町で「旅館業を始めた」そして「岐阜県・白川村がダム建設で水没した」時に「職をなくした白川村の人々が上京し、渋谷で四畳半の旅館を営むことになった」のが大きな原因であるんだそうな。

ラブホの街のルーツに水没した岐阜の村があっただなんてビックリである。

その円山町で、4月12日・13日の二日間、僕のバンド・筋肉少女帯がライブを行った。

ハコとなったのは『TSUTAYA O-EAST』だ。

御存知の読者も多いであろう。円山町は現在、ラブホ街であると共に、数多《あまた》のミュージシャンが連日ライブを行う音楽の街でもあるのだ。

O-EASTを中心に『O-WEST』、『nest』、『7th FLOOR』、『duo MUSIC EXCHANGE』等々、やたらと文字数を使う名のハコが集結している。なぜこんなにライブハウスが増えたかと言えば、ダムで水没した白川村の人々が職を求めて音楽を……と言うのはもちろんウソで、約二十年前にO-EASTが出来て、そこからワッと増えていったように記憶している。

O-EASTは旧名を「ON AIR EAST」と言った。詰めれば千数百人入る〝大バコ〟のライブハウスだ。沢山のバンドが出演している。僕も今まで何度出たか数えきれない。

ザ・スターリンのゲストで出た時はステージ上から動物の内臓を客席にぶちまけたし、その直後に楽屋で勃発したケンカのときには、巻きこまれないようにカバン持ってそ〜っとカニ歩きで退散したのも、今となってはいい思い出だ。

でもでも、正直に言えば……僕はO-EASTに関しての体験では、そのハコの中での出来事よりも、ハコを出てすぐ横に曲がった場所で起こった事件のことこそが強く印象に残っているのだ。

一生に一度の体験であるからだ。

O-EASTを出てすぐ横に一軒のラブホテルが今もある。

『ホテル カサディドゥエ』。

そこは、忘れるものか。二十七〜二十八年前、僕が童貞を捨てた場所なのである。

初夏、であったと思う。


本当に申し訳ないのだけれど、相手のお名前をハッキリ思い出せない。同い歳くらいの、色白な女性であったように思う。

彼女と渋谷に食事に行った。デートだったのか何かの二次会とかであったのかこれもハッキリしない。とにかく、お酒も入ってホロ酔いとなった頃、そろそろ終電が無くなろうという時間になっていた。

「どうしよう」

と僕が聞くと、彼女が「ホテルでも行きますか」と、まるでコンビニでも寄りますか、みたいな調子で言ったのだ。

「え!? あ、ああ、だね。ホテルだよね」

童貞がバレないように言葉を選ぶのはなんて難しいことか。「大喜利のようだ」と僕は思ったものだ。

『カサディドゥエ』を二人が選んだのは、当時、とんねるずのドラマのロケ地で同ホテルが使用されたというウワサがあったからではないかと思う。確かに入ってみると、シンプルなインテリアで、女の子のドン引きするようなコテコテ感がまるでなかった。で、ベッドサイドの有線放送のチャンネルなどひとしきりいじった後、さて事におよぼうということになったわけだが……くり返すが僕は童貞であった。どうにもこうにも勝手というものがわからなかった。ラグビーしかやったことのない男が総合格闘技のリングに上げられて何やったらいいのかわからないかのように（なんだそのたとえ（笑））ベッドの中でモジモジしていたその時、彼女がヘロっと言った一言を、僕はこの先ハルマゲドンと東京オリンピックが一緒にやってこようが忘れることはないであろうと断言できる。

「調子わるいの？　じゃ、私が技で元気にさせてあげますか」

サンクスのおでんでも買ってきますか、くらいの口調であったのだ。

なんたる童貞大喜利であったろうか。僕は彼女のあまりの大人っぷりに心底ふるえあがりつつ、とにかく童貞がバレてはならない（もうバレてるっつーー！）百戦錬磨の男を演じなければならない！との思いから、ゴルゴ13くらいに苦み走った（つもり）の表情を浮かべて言うのが精いっぱいであった。

「……いや、そいつはまた今度でいいよ」

彼女は「ふ〜ん、そう」と言って、ちょっと笑った。

と、覚えている部分もあるものの、何せ四半世紀以上も昔のことである。年々、特に四十歳を超えてから、どうにもあのカサディドゥエの一夜についての記憶が曖昧《あいまい》になってきている自分がいる。

そもそもお相手の女性のことが思い出せない。申し訳ない。童貞を奪ってくださった翌日の昼、彼女が突然僕の家にやって来たのだけは変に覚えている。

その頃、我が家の風呂が壊れていて、家の脇の水場で、パンツ一丁の姿でホースでジャバジャバ体洗っている所に突然、裏の木戸越しに彼女の顔がヌッとのぞいて驚いたのだ。ど、どうしたの？　と聞くと「ん？　ちょっと寄った」と彼女は言った。

で、そこから彼女の記憶がぷつんと途切れてしまっている。円山町の一件から数カ月後に突然「大槻君、私、結婚することになったよ」と、これまたシレッと言ったことだけはかろうじて覚えているのだけれど。

その大喜利に対しては「え!?　あ……そうなんだ」と返したように思う。

あれからもう数年で三十年。

彼女は元気でいらっしゃるであろうか。僕は変わることなく、青春の一大事のあった〝愛のハコ〟のすぐお隣の〝音楽のハコ〟で、ロックを熱唱するのだ。O-EASTに行く度に、ちょっとしみじみしちゃうんだよな。

TSUTAYA O-EAST

JR・私鉄・地下鉄渋谷駅ハチ公口から徒歩10分。渋谷区道玄坂2-14-8　☎03・5458・4681

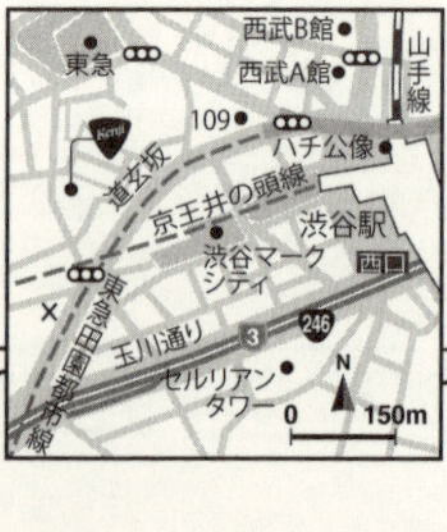

Vol.
09

僕にとっては今でも
一番大きいホールに見えるのだ

The Live Spot

僕の東京遺産
『中野サンプラザ』

生まれ育った中野区が、駅を中心に大きく変わり始めている。

　北口の、警察学校跡の広大な（これほどまで広かったとは知らなかった！）土地が一新され、公園やショッピングビル、大学などが忽然と姿を現した。周辺まで歩いていける陸橋も駅北口に作られた。しかし、北口にここ数年たくさん見るようになった外国人たちは、陸橋には登らず、一直線にサンモール商店街へと向かって歩いていく。唇にピアスをはめ、アニメキャラのプリントされたTシャツを着た彼らオタク外国人たちは、フィギュアその他の垂涎《すいぜん》アイテムが所狭しと並ぶ聖地、中野ブロードウェイを目指しているのだ……と、このところ若者化と国際化の進む中野であるけれど、もしさらなるサブカル人気町としての進化を望む声があるなら、僕には一つ、絶対に外さないアイデアがあるのだ。


その方法とは南口の丸井をマルイワンにしてしまうことだ。

　マルイワンとは、丸井グループの中で、ゴシック＆ロリータを筆頭に、サブカルやオタクなものに興味のある少女たちが着る服や小物ばかりを集めた館のことである。

　以前はマルイワンのみで新宿にあった。2014年現在は規模縮小となり数フロアだけになっているようだ。ならばいっそ、ゴソっと中野に持ってきたらどうか？

　中野南口にマルイワンが出来たなら、お客さんの少女たちはほぼ全員が北口ブロードウェイに寄るであろうし、いわゆる「カワイイ」ロリータ服を着た少女たちが外国人オタク観光客にバカ受けしないわけがない。中野の丸井は本店、意地もあろうがここは一つドーン！と英断を下してはいかが？

　って、丸井にしてみりゃなんでお前に言われなあかんねん、ってな話しであろう。でも本当、中野丸井がマルイワンになったら中野は今より頭二つ突き抜けた町になりますよ。騒々しいだろうけどね。

……さて、中野のハコである。

小規模のライブハウスはいくつもあるものの、やはり一番有名なのは大バコ、中野サンプラザホールであろう。

二千二百二十二人収容の、ロックにも対応のハコである。近年はサンプラザの解体や買収のウワサが絶えず、老朽化もしているので、いつまであるかわからないという不安もある。今となってはモダンなのかレトロなのか意味のわからないあの三角形の建物はやはり中野のランドマークであるからして、東京遺産としていつまでもホール含め、そこにあってほしいと願っている（もちろん地下のボウリング場もだ）。

サンプラザのホールでは僕も何度も歌っている。

筋肉少女帯の再結成ライブも〝中サン〟であった。

当時、中サンから関東バスで十五分くらいのとこに住んでいた僕は、九年ぶりに再結成をするバンドなんかに、お客さんが来てくれるんだろうかと心配になって、ライブ当日の昼、チャリンコで中サンの楽屋入り口の向かい側、ミスドのあたりへ行ってコッソリと、楽屋へ入るメンバーを待つお客さんたち、いわゆる〝入り待ち〟が来てくれているものなのかどうなのか、確認に行った。

前代未聞の〝入り待ち待ち〟である。

ロックの歴史を紐解いても誰もやったことのない奇行であろう。ありがたいことに行ってみると何十人もの入り待ちの人々を発見、ホッとした。で、気付かれないようにチャリで家へ戻って支度して再び家出て中サン行って入り待ちの方々に歓迎していただいた（笑）。

お客として初めて中サンのホールに行ったのは小学校の頃、映画「がんばれベアーズ」の試写会であった。

近所のガキンちょ連中数人が、各自その母親に連れられての親子試写会であった。初めて入った中サンのホールは、子供の僕にとってとてつもなく広く見えて圧倒された。その後、中サンよりキャパの大きいホールでいくらでもやっているけれど、僕の目には今でも中サンが一番大きなホールに見えている。

試写の前に「野球大喜利」というのが行なわれた。

ステージにテレビの「笑点」そのままに、落語家が並び、野球に関するネタでの大喜利を行ったのだ。出演した落語家たちが誰であったのか、どういう経緯だかも覚えていない。ただ、その時に僕はステージ上の落語家から長嶋茂雄のサイン入りバットをもらっている。長嶋茂雄自身からもらったような記憶もあるんだけど曖昧だ。

ちなみに後年、僕はテレビ番組で共演した長嶋一茂のクツを間違えてはいてそのまま帰ろうとしたことがある。「お〜い大槻さ〜んそれオレのクツ〜!!」と長嶋一茂さんに走って追いかけられた経験のあるロッカーなど僕だけであろう……って、全然関係無いしえばることでもありませんでしたスイマセン。

閑話休題。で、長嶋のサイン付きバットを握りしめながら観た「がんばれベアーズ」なわけである。

前半までは子供心にも快作とわかり面白かった。ウォルター・マッソーが演じるのはさえない少年野球チームの監督。今季もどうせダメだろうとサジを投げかけていたところへ、天才少女ピッチャーが忽然と現れる。テイタム・オニールの演じた美少女投手によって始まるベアーズの快進撃……。

ワクワクしながら観た。

ところがだ、なんと物語の後半にさしかかったところで引率のママチームが「関東バスが無くなるから帰るわよ」と言い出したのだ。野球大喜利が試写の前にあったことで予定が狂ったらしい。にしても、映画の半ばで「帰るわよ」などとはどういう神経なのかと、僕は我が母を含む彼女たちの……なんだろう……文化意識の低さ、にガク然としてしまった。『映画の観方を教へるのも子育ての一つじゃねえのかよ！』と、子育てされている身は思った。口には出せず、泣く泣く後半を観ずに帰宅した、関東バスで。くやしかったなアレは。

　それから数十年後。昨年、中サンでライブをやったところ、近所の菓子屋で赤飯おにぎりを何十個も買ってきた我が母が本番前の楽屋に現れ、おにぎりだけ置いて帰っていった。

「観てけばいいじゃない」僕が言うと……「いいよロックはうるさいから、帰るわよ。お赤飯はみんなで食べなね」。相変わらず文化意識の低い母親だなと息子は思いつつ、でも今回はうれしかった。赤飯もおいしかった。

中野サンプラザ

JR・地下鉄中野駅北口から徒歩2分。中野区中野4-1-1　☎03・3388・1151（代表）　コンサートのほか、さまざまなイベントが行われる。

Vol. 03
2013年12月号「コンサートホール野方」

イラスト コレクション

喜国雅彦

1958年香川県生まれ。漫画家、雑文家。最近は音楽活動もちらほら。2015年、エッセイ『本棚探偵最後の挨拶』(双葉社)で、第68回日本推理作家協会賞を受賞。

Vol. 05
2014年2月号「STAR PINE'S CAFE」

Vol. 06

2014年3月号
「大きな玉ねぎの下で〜『日本武道館』」

『散歩の達人』連載時　喜国雅彦

Vol. 09

2014年6月号
「僕の東京遺産『中野サンプラザ』」

Vol. 10

いくつになっても卒業できない中二病的な旅人生

The Live Spot

黄昏の
『音霊 OTODAMA SEA STUDIO』

人は時に無性に黄昏《たそが》れてしまうものだ……と思う。

僕の場合はそうだ。特に、三十代の中盤あたりはなんだかいつも無性に黄昏れていた。

黄昏の原因は「自分がなんなのかわからない」それ故に「この先どうして生きていけばいいかわからない」という哲学的……いや、中二病的な、存在の耐えられない軽さからなのであった。お恥ずかしい。

二十二歳でデビューしたバンドが三十代前半で活動休止となり、人生の新展開を求めて新バンドを始めたり小説を書いたり、クイズ番組「世界不思議発見」で野々村真さんとスーパー仁くんを争奪したりしている内に「あれ？　オレの本当にやりたいことはなんだったのだろう？」そもそも「本当にやりたいことなどあったのだろうか？」みたいな、そういったことを考えるようになってしまっていたのだ。お恥ずかしい。

「いっそ、今の全てを捨てて、旅に出ようか」なんてことも思っていた。お恥ずかしい限りだ。

しかし、次回のライブや「タモリ倶楽部」のゲストなども決まっているからしてそう簡単にも旅には行けない。そこでそれこそ「散歩の達人」をガイドに、暇があると近場のあちこちに出かけては、行く先々で「あったかもしれないもう一つの人生」みたいなことを想像しては、三十代、男一人、よく黄昏れていたのである。

湘南にもよく行った。

鎌倉で降りたなら小町通りで美味《うま》いそばでも食べて、江ノ電に乗ってしまうのだ。海を左手に見ながらコトコトゆられ、適当な駅で降りてみる。散策した後、浜辺へ出て、日の暮れかかる海沿いをひたすらホテホテと歩いてまた鎌倉駅へ戻って家に帰る、というのが定番の僕の〝黄昏散歩〟のコースであった。

その内「いっそ海辺に住みたい」とか、黄昏れたオヤジのド定番逃避願望さえ頭をもたげるようにもなった。ならばまず海辺でライブをやってみようと思い立った。

葉山のビーチに「ブルームーン」という、ライブの出来る海の家があると知った。

簡単なステージセットがある。壁は無い。不意の雨をしのぐ屋根のみがある作りだ。

そして僕のライブの日は不意のどしゃ降りの雨で、屋根はとても役に立った。

大雨の葉山のビーチは8月でも人影が消え、夜となればボンヤリとブルームーンの明かりだけが灯《とも》った。

それは海の上に浮いているかの幻想的な光景であった。

美しかった。美しかったんだが、アンコール前に『おトイレに行っとこうビール飲みすぎた〜』と思って共同トイレのあるビーチの方に行ったら真っ暗でもう右も左もわからなくなっちゃって、気付いたら浜から道路へつながる細い漆黒の道に迷い込んでしまい、正直、こわくって僕はちょっと泣きそうになった。お恥ずかしいことばかりの三十代だ。

〝黄昏散歩〟を続ける内に、そうだオレはこれからは「旅人になろう。そして大好きな超常現象にかかわる町や国をめぐって生きていこう!」と思い立った。

実際、月の裏側を念視で撮ったという写真のある資料館を訪ねて仙台まで旅し、管理のおばちゃんに「私は念視なんてどうかと思いますけどねぇ」と言われた上に「そんなことよりこれ食べな」と茄子《なす》のつけものをいただいて「あ、美味《おい》しいスね」と応えたりといった経験もした。きっと、黄昏とは軽いノイローゼの状態なのだと思う。

四十代に入って、活動休止していたバンドがふいに復活した。

大きなフェスに呼んでもらったり、三十代に書いていた小説が舞台化や映画化された。三十代が不遇だったとはけして思わないけれど、客観的に僕の状況は好転し始めた。するとやはり、気が付けば、僕はめっきり黄昏旅に出ることがなくなっていたのだ。

年齢的なこともあると思う。自己存在を問うほどに四十代はもうヤングではない。黄昏旅は卒業したのだ。

でもある時、黄昏旅が懐かしくなって、ふらりと夏の日の江ノ電に久しぶりに乗ってみたのだ。

懐にはカーティス・ピーブルズ著「人類はなぜUFOと遭遇するのか」という超常現象本を入れて、そこら辺も当時のままに、適当な駅で降りて散策、その後に由比ガ浜に出た。

するとビーチに黒い箱状の建造物が建っていた。そこからドラムやギターの音が聞こえてきた。

近づいてみるとなんとそれはライブハウスであった。

え?こんなとこに?

『音霊 OTODAMA SEA STUDIO』という、夏季限定で営業するビーチのハコであるらしい。

この日の出演は「ユアソングイズグッド」という若いバンドと、面識のある「BEAT CRUSADERS」というパンクバンドであった。今、リハ中のようだ。

『入れてもらおうかな』とも思ったのだが、四十代の分別というか、黄昏期を乗りこえた者として、いきなり来て「入れてよ」もあつかましいなと思ったのだ。なら当日券買って入れよって話しだが、お恥ずかしい、それもちょっと『今日手持ちあんまり無いなぁ』と思ったのだ。その日はタイミング悪く恥ずかしい懐事情であった。

で、先に出演の「BEAT CRU

SADERS」の、音霊から漏れてくるロックを遠くに聞きながら、由比ガ浜に寝そべりUFO本を読んでいた。

すると数人の若者が僕の方へ走って来て「大槻さ〜ん」と僕を呼ぶのであった。

「筋肉少女帯の大槻ケンヂさんですよね。僕ら、今日出るバンドのもんです」

「あ、ユアソングイズグッドだね。どもね」

「大槻さん、僕らのライブ観ていって下さいよ。パス出しますよ」

そう言われて僕は赤くなってしまった。

後輩バンドマンがこんなこと言ってくれているのに「今回手持ちあんまり無いなぁ」と思った自分が恥ずかしくなったのだ。そしてさらに、後輩たちがズバリ言ったからだ。

「って言うか大槻さん、何こんな海来て一人で黄昏てるんスか」


……いい状況になっても、いくつになっても、人は時に無性に黄昏れてしまうものだ。そして黄昏れると人は海が見たくなる。旅に出る。

「懐かしくなった」からなんて真っ赤なウソだ。四十代になってもまた黄昏れてしまったから江ノ電に乗ったのだ。卒業なんてするものか。いくつになっても黄昏旅の男の人生だ。それを、一瞬で見抜くとは、指摘してくれるとは、君たちまったくユアジョブイズグッド。

音霊
OTODAMA
SEA STUDIO

JR・江ノ電鎌倉駅東口から徒歩20分。otodama-beach.com/ 2016年度の動員数は3万人の人気フェス。再入場自由のため、水着で出入りする人も多い。

Vol. 11

何曲目で解凍を始めるかが大事なのである

The Live Spot

『日本青年館』
でちゅーちゅー

言いたかないがアラフィフのラウドロックバンドの夏のステージがどれだけきついことか。

ありえへん、しんどさなのである。

野外フェスの昼ライブともなれば太陽が心肺を強烈にアタックし、みるみると顔面がむくんでいくのが自分でよくわかる。

一昨年ひたちなかでのフェスの筋肉少女帯ライブ映像を観ると、ボーカリストが大槻ケンヂではなくガダルカナル・タカなのである。いやいやもちろんガダルカナル・タカさんはいい男であるけれども、なるほど暑さに膨張するとオレの顔はたけし軍団になるものなのかと妙に感心したものだ。

夏のヘヴィ・メタルは胃もやられる。ライブが終わって小一時間は腹が減っていても何も食べられない。食べてもうまいと思わない。せいぜい水分だが、いかにもノドごしよさそうなビールも美味《うま》いと思えない。味覚も麻痺しているのだ。苦味がわからない。ただ、甘味だけはわかる、と言うかカロリーを欲する体がそれを鋭敏に感知しているのであろう。唯一、甘い水分だけは美味いと感じる。ジュースでもよいがもう少し「オレ今エネルギー補給してる」感がほしいところだ。シェイク的なものだ。それでいろいろ試したところ……ハードロックバンドのボーカリストが言うのもアレですが……告白するならクーリッシュが一番ヘヴィ・メタルのライブの後にはおいしいです。

パウチ容器の中のシェイク状のバニラをちゅーちゅー吸って飲むラクトアイスである。

「今夜も燃えたぜ！　お前ら最高だぜっ！」などとオーディエンスに叫んだ後、楽屋でロッテのクーリッシュをちゅーちゅー吸うのである。

言いたかないがこれ至福の時なんである。あのちゅーちゅーの素晴らしさを何と表現したらいいであろう。吸い口からちゅ〜！　っと吸ったなら甘味がバラの花びらとなってパァ〜っと広がり、空から天使がラッパをパーパラ吹きながら舞い降りてくるがごときエクスタシーの一瞬。儀式にも似た天国のちゅーちゅーパーラランなのである！

まったくヘヴィメタ後のちゅーちゅーは儀式なのである。

ハレの日の舞台上からケの日の自己に帰還するための、と言えようか。

儀式であるからしてセッティングが大切である。

ラクトアイスはキンキンに冷やせばいいってもんではない。少し解凍されて、容器を握ったならちょっとふにゃっと女性の二の腕のあたりのやわらかさくらいに溶かしておいてこそ本領を発揮すると思うのだ。そのためにはベストのタイミングで冷凍庫から出して常温の場所にしばし置いておく必要があるのだ。

私は四半世紀に及ぶハードロックミュージシャンとしての経験から、最近ようやくそのベストタイミングを会得したのである！　ズバリ言ってライブ本編終わってアンコール待ちをするあたり！　曲数で言うならちょうど十五曲目が終わったあたりが解凍開始の時なのである。

ただ、これは会場、つまりハコによって異なる。全ての会場が均一にクーリッシュの解凍開始時間に適しているわけではない。ライブハウスはその機密性の高さ故か何故か十五曲目後がベストのハコが多いが、千以上のキャパのハコ、ホールではこれがもうちょっと長い時が必要となり、概《おおむ》ね八曲目終りぐらいからが解凍開始時間である場合が多いのだ。

まったく四半世紀も何を考えながらライブをやっとったんだね君は?と自分に問いたいのはやまやまだが実際そうなんだから仕方がない。

先日、日本青年館で筋肉少女帯の二十六年目突入ライブを行った。

このハコではデビュー一年後にもコンサートをしたことがある。ちょうどメンバーが二名脱退することになった時期で、セカンドアルバム発売&脱退ライブという複雑な夜になってしまった。けしてケンカ別れではなかったが、打ち上げもなく、僕は電車で帰って、家の近所の喫茶店で一人で塩味のスパゲティを食べながら、ライブを終えた充足感と「これからオレどうなっちまうんだ?」という不安にかられながらパスタをフォークにくるくる巻いた。

その日のライブは行きも電車で行った。千駄ケ谷で降りて左手に体育館を見ながらトボトボ歩き、神社のあたりで左に坂を下りて、ラーメン屋の並ぶグラウンド前を抜けて、ビクターのある交差点をまた左に曲がって坂を上がって、当時にしても老朽化した感のあった日本青年館に、ドキドキしながら入っていったのを覚えている。武者震いさえしたものだ。

その頃の僕はまさに青年であった。―選ばれし者の恍惚《こうこつ》と不安我にあり―そんな想《おも》いで見上げた場所に、先日はマネジャーの車で「あ、ちゃんとちゅーちゅーするやつ買っといてくれた？　ホラ、アレ、ちゅーちゅーするやつ」「ちゅーちゅーですね、買いましたよ」「ちゅーちゅーOK!?　やった！」などと言いながらハコ入りしたのだから、人間とは変わっちまうもんだ……色んな意味で。

だが、その余裕が儀式に失敗を招き入れることとなった。

こともあろうにスタッフに、「八曲目の終わりで解凍を始めてくれ、ちゅーちゅーの」と告げるのをすっかり忘れたままライブを始めてしまったのだ。

すると、もしかしたらスタッフは十五曲目終わりでの解凍だと思っているかもわからない。どうしよう。と、その時だ……アレこそが天使の奇跡だったと僕は信じて疑わないのだが、なんと九曲目は僕が舞台からハケてメンバーがボーカルを取る曲だったのである。

で、8曲目が終わって僕は客席に言った。

「どーもありがとう！　みんないい感じだぜ！まだまだ行けるかい!?　まだまだ行けるのか!?　行けるのかと問うならば!?（問うならばーっ!!）OK！　じゃあこのままガンガン盛り上がり続けようぜ！　あ、でも僕ちょっと、ラクトアイスを解凍しなきゃいけないんで、ちょっとはけるね、ごめんね、かわりにギターのおいちゃんが歌ってくれるぜぇぇっ！」

で、アイスを解凍して、ライブ後にちゅーちゅーしておいしかった。

スゲー俺ってロックなやつだぜと思うんだけど、違うのかしら？

日本青年館

旧日本青年館からほど近い場所に、地下2階、地上16階の新・日本青年館が2017年6月8日に竣工予定。1250席のホールは低層階に建設予定。

Vol.
12

生命の礼讃がまばゆかった
異ジャンルとの遭遇

The Live Spot

『JCBホール（旧）』

水道橋の駅から青いビルへ向かう途中にある書店で、ナンシー関さんにバッタリ会ったことがある。

「プロレス……ですよね、ナンシーさん」

するとナンシーさんは『言わずもがな』という表情で深くうなずいたものだ。

90年代初めの頃だ。当時、プロレスはコラムニストやロックミュージシャンその他、いわゆるサブカル方面の人々の大注目テーマであった。水道橋の青いビルの中にある後楽園ホールは「聖地」と呼ばれ、客席には雑誌『宝島』などでよく見る顔がズラリと並んだ。僕もその一人だった。

一体何度プロレス観戦のために水道橋へ行ったか数へきれない。沢山のプロレスラーを後楽園ホール、そして東京ドームで観た。プラム麻里子、橋本真也、三沢光晴、サンボ浅子、星野勘太郎、ラッシャー木村、山本小鉄、アンドレ・ザ・ジャイアント、ジャイアント馬場……あれ、みんな亡くなってしまった。

僕にとって水道橋が〝プロレスの街〟であったのは2000年代の初めくらいまでであった。

その後は〝カンヅメの街〟となった。

2000年代初めから十年くらい、僕はシャカリキに小説を書いていた。

まだ出版業界も羽ぶりがよかったのだろう、水道橋駅近くのホテルを執筆用に取ってくれた。月に二泊三日、カンヅメとなって原稿用紙のマス目を埋める作業に没頭した。息抜きにちょっと後楽園ホールにプロレスを観に行ったりしたかったが、締め切りはさしせまりそれどころではなかった。せいぜいレストランなどのあるフロアに下りて、吹き抜けになった階下のロビーの人々の様子をボンヤリ見るぐらいであった。そんなふうにある時ため息をつきながら階下を見下ろしていると、ロビーの人々がやおらざわめき出した。「ん?」身を乗り出したところ、背中に「健介」とデカデカ書いた皮ジャンを着た大男がロビー中央に現れて携帯で電話をし始めた。その大男がクルリとふり向いた。プロレスラーの佐々木健介選手であった。言わずもがなだな。

ある時、プロレスを観る時間は無いのでせめて講道館の柔道一般練習をチラリと見学してからホテルへ戻ろうとすると、よく散歩する一帯がサラ地になっていた。アレ!? と驚く間も無く、大バコのコンサート会場が一年後には出来上がったのには驚いた。我が長編小説はまだ半分も完成していなかったというのに。

水道橋の『JCBホール』は、プロレスの聖地が近所にあるからというわけでもないだろうが(いや、もしかしたらそれだからかもしれないな!)、古代の剣闘場を思わせる、舞台を中心に半円形に広がる数千人収容のハコだ。

僕はここに二回ほど出演したことがある。一度はエロゲーのイベントであった。パソコンで行う萌え系エロ・シミュレーションゲームの挿入歌を依頼され、二曲ほど歌ったところ、その会社で出している他のエロゲーの曲も集めてライブを行うという。

へえ、そういうのもあるのか〜、くらいに思って当日、会場へつくとJCBホールに、ギチギチ満パイのお客さんがウオ〜!! と盛り上がっていて本当に驚いた。いろんなジャンルがあるのだなと感動した。

JCBホールにもう一度出演した時も、僕にしてみれば異ジャンルとの遭遇であった。少女ファッションブランドが多数集うイベントへのゲスト出演であった。パンクソングを一曲歌ってほしいという。当日は十代の少女モデルが数百人出るとのことだった。

この日のライブのことはよく覚えているの

だ。

前々日が、筋肉少女帯の武道館公演であった。長い休止活動から四十代で再びバンドを始動し、武道館公演へこぎつけたものだからそれはもうはり切った。まさに、精も根も尽き果てた、くらいにはがんばって終演後、楽屋のソファにぶっ倒れていると、ディレクターが申し訳なさそうな表情で入ってきた。そして「大槻君の古い友人が今朝亡くなったそうだよ」と僕に告げた。

「連絡先がわからなくてメーカーの方にその方のお兄さんから電話があってね。こんな時に本当にゴメンね。お通夜は明日だそうだよ」

翌日、全身筋肉痛の体をタクシーにほうり込んで、お通夜の会場へむかった。

亡くなった古い友人は、僕にロックや漫画や、今で言うサブカルなものごとを沢山教えてくれた小学校の同級生であった。

まだ四十代に入ったばかりの死であった。

タクシーが、入り組んだ町の中で道に迷い、住宅街の細い道路をいく筋も曲がった。

小学校の帰り道、友人がさまざまなカウンターカルチャーを僕に教へてくれたのもまた、住宅街の入り組んだ細い道の上であった。

その通夜の翌日こそが、ＪＣＢホールにおける少女ファッションイベントであったのだ。

楽屋では、黒い服と沈痛な表情に囲まれていた前日とはうって変わって、どこを見ても着かざった少女たちがキラキラと、輝きを放っては緊張と喜びを胸いっぱいに、その可愛らしい顔には微笑を浮かべていた。客席もきらめきに満ちていた。

僕は、バンド、プラスティック・ツリーの演奏に乗ってステージへ立った。客席を見渡せばまた、ギッシリと満員の少女たちが、全身で生命の礼讃《らいさん》を、存在するただそれだけで放ちまくり、まばゆいほど僕の目には美しく映った。

「吐き気がするほどロマンティックだぜ！」と、僕はザ・スターリンの「ロマンティスト」を歌いながら、心の中では『おーい！みんな、生きてるってのはそれだけでスゲーことなんだぞ、それ、わかれよ』と、彼女たちと僕の古い友人とに叫んでいたものだ。

ライブを終え、楽屋そででしばし放心していると、ワラワラと百人近い少女モデルたちが舞台から戻ってきた。リーダー格らしい女の子が皆に指示を飛ばしていた。ぼんやりしている四十代のオッサンの僕に対しても「止まってないで、行くわよ!!」と元気にカモン！してくれたのであった。

そうだ行こう、明日みたいなとこに向かって、と僕はＪＣＢホールの楽屋そででそう思った。

TOKYO DOME CITY HALL
(旧JCBホール)

JR中央線・地下鉄三田線水道橋駅東口から徒歩1分。文京区後楽1-3-61　☎03・5800・9999(わくわくダイヤル)　演劇、格闘技やサーカスなども催される。

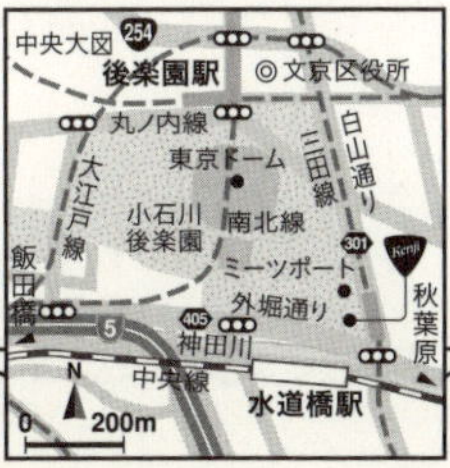

Vol.
13

オーケン流
『本とアートと音楽好きのための散歩術』

The Live Spot

『ロフトプラスワン』

『ロボットレストラン』

今号の特集は「本とアートと音楽好きのための東京散歩術」とのこと。それなら迷わずハコをめぐればよいと思う。

ライブハウスの楽屋はたいがい、誰の趣味であるのか数冊の本がころがっているものだ。『ヤングアニマル嵐』とか『ビッグコミック』なんてマンガ雑誌から、古い『夜想』の畸型《きけい》特集や寺山修司の詩集まで、そのジャンルは幅広い。

ハコごとにジャンルのカラーも異なっていて面白い。

最も数多くの本を置いているのは『ロフトプラスワン』ではないかと思う。歌舞伎町の雑居ビル地下二階。店入って左の壁が書棚になっている。その上にある中二階にもビッシリと本（主にマンガだが）が揃っている。マン喫代わりに使えたら一日居ても飽きないだろう。

プラスワンはトークイベントのハコだけれども、小規模な音楽ライブもできるし、何より好事家の集まる社交場であるため、B級C級Z級、いやもしかしたら超一級なのかもしれないアートと出合うこともできる。

たとえば一時、「新宿ジゴロ」と呼ばれる一本の古いVHSが出演者たちの間で話題になったことがある。

80年代に少年たちを集め「ジゴロ学校」なるものを作り、一大ヒモ王国を作ろうとした青年のセミドキュメント映像であった。

この新宿ジゴロ氏が失礼ながら僕たちにはイケメンにもリア充に見えず、むしろ、異様な妄想に取りつかれたカルト集団の爆笑の記録としての、あまりのクオリティの高さに、もしかしたら「これって……もしかしたらアートの領域ってやつかね」と皆で鑑賞していたら誰かがそうつぶやいたものだ。

新宿ジゴロ氏は一大ヒモ王国の夢が破れた

後、少年野球の監督になったと風のウワサに聞いた。なんていい話なんだ!と思った。

異様とアートの境界は曖昧《あいまい》だ。プラスワンから歩いてすぐ、歌舞伎町で最もギラギラした道筋に、さらにギラギラと輝く『ロボットレストラン』という店がある。

叶姉妹によく似た上半身だけの巨大な人形を二台乗せて「ロボットロボットロボットレストラ〜ン」と鳴らしながら都内を走り回っている車を見たことがないだろうか? あの異様すぎる車が宣伝している店である。先日、テレビの収録で店内に入れてもらったのだ。スゴかった!

「これは江戸川乱歩の鏡地獄か!?」というような総鏡張りのエレベーターや廊下が店先以上にギラギラとまぶしい。メインフロアには光るバイクや光るロボット、光るビキニを着た美女が搭乗して動かす機動戦士ガンダムのような叶姉妹似のロボットがギラギラバリバリと動きまわって目もくらむばかり(最も驚嘆したのは叶似ガンダムを動かす美人のバックでの車庫—ロボ庫?—入れがヤマト運輸のドライバーなみに上手かったことだ!)なのだ。

しかも、ハープやピアノなどの演奏者が自走式演奏台に乗って弾きまくる。これがまた恐るべきバカテクの美女ばかりだというのに、その演奏を引き裂いて「♪ボンバヘーッ! ヒーハー!!」m.c.A.Tさんの「ボンバーヘッド」がガンガンに流れまくるという、視覚も聴覚もどう認識したらいいのかさっぱわややの大混沌《こんとん》空間なのである。

「これって……もしかしたらアートの領域ってやつかね」いや、むしろこれは、アーティストたちを使って悪趣味で俗っぽい見世物主義の極みを演出しようとした結果のカオス感なのだと思った。その試みこそがつまりはアート、と呼ぶこともできるかもわからないが。

ところで、僕が初めて「異様とアートの境界」のようなものを目撃したのは高校時代のことであった。

当時、高円寺の北口に『クレージーホースPART2』（クレージーハウスだったかもしれない）と言うような名前の小さなハコがあった。

そこへPOXBOXというバンドを観に入ったのだ。あの頃、人道的とは思えない詞を歌うバンドはいけている、というような風潮が'80パンク界にはあり、POXBOXも、とてもここには書けないような詞を叫んでいた。あまりの過激さにちょっとゲンナリしてしまった。すると彼らの後に、一人の気のよさそうな男が出て来て、演奏……いやパフォーマンスを始めたのだ。

お菓子の箱の中や、梱包《こんぽう》に使う、つぶすとプチプチ音がして気持ちいいビニール紙あるでしょう？　アレをいくつも持って来て、マイクの前でプチプチつぶし始めたのだ。

どうもそれが（本日の）彼の楽器であるらしかった。

にぎったり、ひねったり、プチプチプチプチと鳴らしていく。

その様子は異様であり滑稽であったけれど、POXBOXの過激に過ぎる表現の後に聞くプチプチはほがらかな気持ちにさせてくれた。

何よりプチプチを自分の表現として疑わない演者の陽気なアートっぷりに感心してしまった。

クレージーホース（ハウス？）には、店長だったと思うけど司会のおばちゃんがいた。プチプチが終わると彼女がマイクで「あっりがと〜！　とうじ魔とうじさんでした〜！」と紹介してライブを締めた。

とうじ魔とうじさんはサウンド・パフォーマーであり、前衛的な活動、作品でも知られるアーティストである。

93年に発売された著作『とうじ魔とうじ養成ギプス』によると彼は、少年時代は寺山修司に憧れ、渋谷にあった天井桟敷館で食堂のバイトをしていたのだそうな。そこでかのJ・A・シーザーに中華丼を出していたりしたのだそうだ。

先日、僕は渋谷の『O-EAST』でJ・A・シーザーさんのバンドと対バンをさせていただいた。

キーボードの女性がやたらかっこよくて「他は何かやってるの?」と思わず尋ねたところ「ロボットレストランでたまに弾いてます。動く台に乗って」との返答には驚いた。

意外なところでつながるなとビックリしつつ、楽屋で『ヤングアニマル嵐』を読んだ。すると元新宿ジゴロ・伏見直樹さんのインタビューが載っていてまたまた驚いた。偶然と、内容に。

彼がジゴロ大学建設以前のホスト時代、入る店で必ず指名一位になる男がいたという。しかしある時ついにジゴロ氏が彼を抜き一位になった。すると彼はジゴロ氏に「お前は夜の帝王になれ。俺は闇の帝王になる」と言って去っていったそうだ。そしてその彼こそが後のロボットレストランの創設者なのだそうな。

ロボットレストラン

JR・私鉄・地下鉄新宿駅東口から徒歩5分。17時〜23時30分(土・日・祝は15時〜)、無休。新宿区歌舞伎町1-7-1-B2　☎03・3200・5500　入場8000円(食事代別)。ショーは約90分。

Vol. 14

思い出すたびに、何もかもが懐かしい

The Live Spot

『北部公会堂』

「野方か……何もかもが懐かしい……」

と、まるで「宇宙戦艦ヤマト」の沖田艦長のようにつぶやいてしまうほどの、西武新宿線・野方は僕の生まれ育った町だ。今号は第一特集がラーメン&うどん、第二テーマが野方・沼袋・新井薬師前、とのこと。

野方のラーメンと言えば野方ホープ等が有名だ。幼少の頃、僕は父、兄と連れ立ってもっぱら『大番』というラーメン屋に行っていた。どうってことない私鉄駅の中華そば屋である。野方は、駅を降りると網の目のように商店街が広がり、にぎやかなその一帯を住宅街が包み込む二層形状の町だ。

商店街のガキ共はちょっと荒っぽい。住宅街の子供らは少しおっとりしていた。

父と兄と大番に入ると、花屋の息子の同級生のナオトが僕らを見て「お前、家族でラーメン屋に来るのか」と笑った。ナオトは、こういうところには「店のレジから小銭拾って一人で来るもんじゃねえの」と言った。僕はなんだか自分がとても幼く思えて恥ずかしくなった。サラリーマンの父は、黙っていた。

それから数年後、ラジオの町レポ番組の収録で、大番に落語家の月の家円鏡が来た。「人情味のある町だね」などと盛り上げる円鏡師匠の後ろにナオトが見えた。「お！」「久しぶり」落語家越しに邂逅《かいこう》した僕らは、互いにロックに興味が湧き始めていることを知る。意気投合。野方文化マーケットの入り口にある彼の花屋の二階でクイーンやキッスを聴きまくった。ナオトは高校生になると、筋肉少女帯の初代ドラマーになった。

バンドを結成した町に演奏できるハコが無かったのは残念だ。隣町の沼袋には2014年現在、二軒のライブハウスがある。当時はなかったと思う。

何か資料をと古書を漁ってみたところ、昭和41年発売の野坂昭如のエッセイ集『わるい本　黒メガネ流ホラー・ジョークのすすめ』に「変態遊びを怖れるな！」と題して、沼袋の『アブノーマルバー』が紹介されていた。

「夜十二時を過ぎると（中略）何種類かの変態のパターンをみせてくれる。主に縛り、サディズム、マゾヒズム、フェティシズム」。

四十八年前の沼袋なんて何も無かっただろうに（今だって何も無い！）、ＳＭショーをみせるハコがあったとは驚きである。

そこに、通っていた野坂先生の黒メガネ流もまた夜の散歩の達人とリスペクトせざるを得ない。ちなみに黒メガネ曰く「自由が丘の駅前本屋の裏には、縛り専門の道場がある」とのこと。四十八年前だが。

もう一つ驚いたのは、野坂先生が若い頃、野方の映画館に通っていたということである。

中村錦之助が「ミーハーの人気を一手にうけていたころ、僕はその姿を、西武線野方駅近くの、場末の小屋で、ただ三本立てをたよりに、毎週ながめていた」料金は二十円。「もっとも安い時間つぶし」であったと先生は青春期のちょっと切ない思い出として回想する。

現在、スーパーサカガミが建っている場所に、僕の幼少期には『野方東宝』という映画館があった。

二番館で、『日本沈没』と井上順主演『グアム島珍道中』二本立て、なんてのを父や兄と観に行った。

野坂先生が一人わびしくながめていたスクリーンは野方東宝だったのであろうか？

後年、僕は銀座あたりのバーで、某女優のお尻をさわった酔客に制裁を加えんとハイキック放つ野坂昭如さんを間近に目撃したことがある。その時は先生を両脇から止めに入ったタモリさんとデーモン閣下を観ながら「テレビみたいだ〜」と呆然《ぼうぜん》とするばかりであった。知っていたならあの夜、野方東宝の話しをうかがっておけばよかった。

昭和40年代の野方には『北部公会堂』というハコがあった。

野方の中心と言える関東バスのロータリーにあった。当時にしても古い建物であった。それでもさまざまな催しが行なわれ町の人々を楽しませていた。

何しろ昔のことなので記憶はハッキリしないのだけど、歌手や演奏家も来て音楽を聴かせることもあったから、ハコと呼んでもさしつかえは無いと思う。

北部公会堂には映画も何度か観に行った。

かかる作品は野方東宝で観るようなものとは異なっていた。子供たちに道徳や友達の大切さを訴える内容の、教育的な、そしてさっぱり一人も有名人が出演していない〝巡回映画〟と呼ばれる映画が主であった。

最近は聞かなくなったが、昔は公的なハコでは巡回映画が、まさによくまわって来たものだ。子供に向けた教育映画だからマジメな内容であるけれど、それはそれで楽しんで観た記憶がある。

題名も思い出せないその中の一本で、小学校高学年の女の子が二人、唐突に全裸になって水へ飛び込むシーンを、いきなりなその演出がショッキングで今でもよく覚えている。

巡回映画と言えば、今から二十年くらい前だろうか、深夜、僕の部屋のファクスがガガガ!となって、肉筆長文のファクスが〝巡回映画の元監督〟であるという、知らない人物から送信されてきたことがあった。

当時はオートカッターも無かった。巻きもののようにニョロニョロ出てきた長いファクスを読むと、こんな内容だった。

～私は長いこと映画の仕事をしてきて、数十年前、ようやっと一本の巡回映画の監督を任されました。私はこの一本に自分の全てを叩きつけようと製作しました。しかしそのためか、出来上がった作品はとても子供向けとは言えない前衛的なものとなってしまいました。会社は激怒し、私の映画は、たった一日公開されただけで、お蔵入り。私は映画界を去りました。それから何十年、もう一度、私は映画を作ってみたい! 友人の俳優からこの番号を知り、失礼とは思いつつ、あなたの小説『新興宗教オモイデ教』を私に映画化させてもらえないか、とのお願いのファクスを送ります～

その後、彼からの正式なオファーはなかった。ファクスも二度と来ることはなかった。今でもたまにこの件を思い出す。野方を歩くと、何もかもが懐かしい。

北部公会堂

演劇やコンサートなど、さまざまな催しが行われたが、は1991年に閉館。

Vol.
15

ドンペリ・ジャグジーか
ハコ・ビールか

The Live Spot

『渋谷スターラウンジ』
『スタークラブ』
『新宿ロフト』

今号の第2特集は「銀座で飲む。」とのこと。「オレも大人になったら銀座あたりのクラブで女の人を脇に洋酒を飲んだりするのだろうか……」と中学の頃、遠き暗黒ガニメデ星雲を想像するくらいのボンヤリ度でもって思っていた。五十代目前の今現在、さっぱりそんなところで飲んじゃいない。

今月などはもっぱら終演後のライブハウス……ハコで飲んでいる。

先日、ドラマーの小畑ポンプさんが五十歳の記念ライブを渋谷で行った。東急ハンズの向かい側の、以前ハーレー・ダビッドソン屋があったあたりにある『渋谷スターラウンジ』だ。レトロ・モダンで内装がいかしている。ただ、地下にもう一つライブハウスがあってそこからの音もれが激しい。たえずボボボン……ガアアンと重低音が足元から響いてくるのだ。

「神戸のスタークラブみたいやね」

と、楽屋（もちろん音もれしている）でポンプさんが笑った。

神戸の高架の下にある『スタークラブ』というハコは、頭上からの音もれが激しく、昔、ポンプさんと電車というバンドで演奏に行った時などは、バンド・電車の演奏音より頭上を通過する電車のレール音の方が大きくて困った。『ま、これも一つのセッションか』と思いながら歌った。

そういえばその神戸のライブに、クラブでホステスしている女の子が観に来てくれた。「北新地にママのお伴で来たついで」だったか、足を運んでくれたのだ。

僕は銀座あたりのクラブで飲んだことはあまり無いけれど、そういったところに勤めている女の子の友人は昔何人もいた。

彼女たちはバンドをやっていたり役者を志していたり、いずれも遠からず〝ハコ関連〟の女子たちだった。もちろん夢だけでは食えないので水商売のバイトを始めるのだが、キャバ嬢のノリには合わないらしくて、流れ流れて気付けば銀座界隈のクラブなどでお酌をしていたのだ。

「うちは座って五万円くらいのお店」

とかこともなげに言う。

「座って五万!?　そんな楽しいとこなの」と聞くと彼女らは決まって焦点の定まらぬ目になって上方を見上げながら、「……さぁ、あたしにはわからないなぁ」と言うのであった。

しかし、彼女たちの語る銀座の話しには驚くことが多かった。

神戸に来てくれたコは連日お店に出ているためかいつ会ってもブランドものでピシッと身を飾っていた。でもある日、それこそスターラウンジのそばのインド・ネパール雑貨屋で買ったようなヒッピースタイルに変身していたのでビックリした。ど、どうしたの？

「あたし、銀座をやめてネパールに行くことにしたから」

「ネパールに？　何があったの？」

「最近、ネパールで仕事をしている人たちが店に来るのね。そしたらその人たち、誰もあたしを口説かないの。だからネパールって何かきっとすごいとこなんだ、何かあるんだと思って」

渡航を決意したとのこと。

僕は遠きネパールの神秘性よりも、「あたしを口説かない」ということが一人の女性の人生観を変えてしまう銀座あたりのクラブの異界性にこそ驚きを禁じ得なかった。どんなとこなんだ？

見当もつかないが、そう言えばマカオの話しもあった。別の女性である。

彼女はお店で「とってもお金持ちのおじいさん」からマカオへのカジノ旅行に誘われたのだそうな。彼を含め数人の男性が行くそうで「一人に一人、女のコをつけたいんで、君、手配してくれないか」と頼まれたのだそうだ。もちろん人数分の旅費遊興費は出る上に、一人一人に「帰りにおこづかい」もくれるのだという……僕はマカオのカジノで美女はべらかしてなんつー話しは「愛の戦士レインボーマン」で死ね死ね団が画策した地下プロレスぐらいでしか観たことがないし、レインボーマンに本当にそんな場面があったかなかったかも記憶がハッキリしないぐらいの人間なので、思わず「なんじゃそりゃ、Vシネか?ドンペリ・ジャグジーかい」と目を丸くしたところ、彼女は「ああ、ドンペリ・ジャグジーもあったよ」とまた軽く言ったではないか。「ドンペリ・ジャグジーやるから女のコ連れて来てよって、若いIT系のお客さん。営業で仕方なく行ったら(行くのかよ!)その人もう酔っ払っちゃって、ドンペリのボトルをガーン! とか投げて荒れて大変だったんだから」

お金があるからといって男心は満たされないというエピソードなのか、酒はお風呂で飲むもんじゃないという教訓なのか、判別すらできない。

ちなみにマカオ旅行の彼女の「帰りのおみやげ」はバーキンだかなんだかのバッグで友達は現金だったそうだけど、旅行が実現したのかどうかは忘れちゃったなぁ。

……今月は『新宿ロフト』で、パンクバンド・ニューロティカのボーカル、あっちゃんのやはり五十歳記念のライブがあった。

彼はピエロのメイクと扮装で年に百本近いライブを行いながら、八王子の実家で七十八歳のお母様が営まれているお菓子屋さんを手伝っている。

コンビニでは売っていない、子供の頃に友達の家に行くと出てきたような、いい感じの品ばかり揃えた『藤屋』という、駅から十五分くらいはずれたところにある店だ。

先日、僕のテレビ番組で『藤屋』を訪れた。

番組のために初めて自分の店でピエロ姿に変身したあっちゃんが商店街に出ると、急変に驚いた近所の犬・ちゃちゃまる君がガブッとあっちゃんの手を噛んでしまった。ボタボタと血が出て笑いごとでは無い事件であった。でもあっちゃんは最後までロケをこなして、その夜「四針ぬいました。明日のライブのMCネタができました（笑）」とメールを送ってくれた。そして実際翌日のライブでハコいっぱいのパンクスから爆笑を取ったらしい。

……幸か不幸か、銀座のクラブで座って五万の大人にはならなかった。汗だくのロッカーがひっきりなしに出入りする『新宿ロフト』の楽屋で数百円の缶ビールを五十歳間近で飲んでいる。でもドンペリ・ジャグジーより美味い気がするなぁ。わかんないけどさ。

新宿ロフト

JR・私鉄・地下鉄新宿駅東口から徒歩8分。新宿区歌舞伎町1-12-9-B2　☎03・5272・0382　パンク・ハードコアからアイドルまで、受け皿の広いハコ。

スタークラブ

JR三ノ宮駅、阪急電車神戸三宮駅、阪神電車・地下鉄ポートライナー三宮駅から徒歩10分。神戸市中央区琴ノ緒町1-1-323　☎078・221・6328　2016年8月にリニューアル。

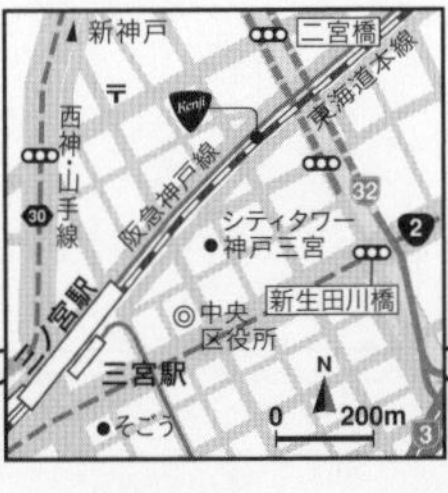

渋谷スターラウンジ

JR・私鉄・地下鉄渋谷駅ハチ公口から徒歩10分。渋谷区宇田川町4-7-1F　☎03・6277・5373　宇田川交番横に系列店『東京354CLUB』あり。

Vol.
16

昭和新宿通院コース

The Live Spot

『新宿ReNY』

西新宿に新しく出来たハコで二日連続のライブをやってきた。『新宿ReNY』という九百人収容できる会場だ。

横長のステージ、二階に観客を入れないため、フロアにぎっちりとオーディエンスがつまって見える。LEDを照明に多用しているためかステージ上があまり暑くならない。ライブのエンディングには客席後方の壁で一斉にLEDのイルミネーションが点滅を始めた。思わず「わ、俺らPerfumeみたいだな」と驚いてしまった。俺ら筋肉少女帯だっていうのに。

それより僕が『ReNY』に到着した時に「あっ」と思ったのは、このハコが東京医科大学病院の横にあったことだ。

僕は小学三年生の冬、二カ月ほど東京医大に入院していた。扁桃腺《へんとうせん》とアデノイドの除去手術のためだ。

手術の約一年前から東京医大の耳鼻科に鼻炎の治療で通院していた。西武新宿駅を出て大ガードをくぐり、京王プラザを左手に見ながら青梅街道をトボトボ歩いていく。最初の頃は母親と、後期は同級生でやはり鼻の具合が悪い上ちゃんという、あまり仲良しでもない友人と通っていた。

70年代当時の新宿は、小三にしてみればおそろしい町であった。ヤクザやホームレス、フーテン（まだ当時いた）が行き交い、パニック映画、オカルト映画、ポルノ、さらに洋ピン（西洋産のポルノ）のまがまがしいポスターがそこいらじゅうに貼ってあった。何しろ西武新宿駅のホームに降りるやいなや「SEX魔」と、ドーン！ と書かれた洋ピンの看板が立っていたくらいだ。

僕は母と一緒であったが、今思えばアレは一種の強迫神経症みたいなものであったのだろう。『ダメだ！ そんなことしちゃだめだ

！　俺よ、やめろ！』と心で思いながら、

「……ねぇ、お母さん、えすいーえっくすまって何？」と母に尋ねてしまった。知らなかったわけでもないのに。

「知らなくていいっ。行くわよ」

叱咤《しった》しながら母が足を速めたのは言うまでもない。

東京医大は子供には要塞のように巨大な病院であった。

僕はそこの耳鼻科の施術椅子で、とても原始的な治療を週一で受けていた。頬の骨の内部にたまった膿を器具で吸引するのだ。鼻腔の奥に頬内部につながる穴があるそうで、そこへパイプのついたチューブを通して液を送り込み、圧によって排出させるのだ。

どうやってそのパイプを入れるのかと言うと、もう本当に原始的だ。先生が手でグイグイと押し込むんである。

もちろん局部麻酔はかけられているが、鼻の穴の中にパイプをグイグイ押し込められるのってあんまり気分のいいもんではない。

しかも、毎回なかなか入らない。そうすると先生が看護師に「お～いアレを」と声をかけるのだ。

アレ……それは、当時にしたって最先端医科技術を誇っていたであろう東京医大の医療器具とはとても思えない、木槌《づち》なのであった。

トンカチである。

看護師からトンカチを受け取った先生は、僕の鼻の穴からつき出たパイプをトンカチでトントントトン！と叩いて頬骨内部の穴へと打ち込んでいくのである。

その様子は医者というより大工そのものであった。「おーっと、くっそ～、今日はちょっと滑りが悪いな～」大工仕様の時だけは先生の口調もややべらんめぇ調になったりして。あるいは『釘師サブやん』という少年マガジン連載のパチンコ漫画の釘師を僕はよくトントンとトンカチ打たれながら連想したものだ。『俺の顔はパチンコ台の盤面か』。

そういった恐怖の治療を受けた後、また青梅街道を、母または上ちゃんとトボトボ歩いて、西武新宿駅へ向かうわけだ。

子供だったしとにかく当時の新宿はこわかったので、寄り道をしたりしたことはなかった。

ただ、一度だけ父と行ったことがある。帰りに突然「どっか寄ってくか」と尋ねられた。「え!?」答えに困っていると、そこらの純喫茶に入って、コカコーラかなんかを飲ませてくれた。子供を医者に連れて行く、なんてことをしたことの無かった男は、どうしたらいいのかわからなかったのだと思う。コーラを飲む僕に話しかけるでもなく、父はあらぬ方を向いてハイライトの煙をくゆらせていた。

扁桃腺とアデノイドを取れば鼻はよくなるとの医師の判断で、切除手術を受けることとなった。新しいパジャマを着て入院した。

大部屋だったそこに交通事故で入院している同い年くらいの女の子がいた。

肺をやられたらしく、ノドに穴を開けてその部分に、エレキギターのプラグインみたいな金属の円板を埋め込まれていた。

僕は彼女と仲良くなった手術が終わって僕が歩けるようになると、二人で病院内を散歩してまわったりした。

薄暗い、病棟と病棟をつなぐ渡り廊下の壁に、巨大な抽象画が飾ってあった。

その、なんだかよくわからない、とりあえず不気味な絵……まったく子供の想う当時の新宿の町そのもののような……を見ながら、僕と彼女はしばし、言葉もなく立ち尽くしたのであった。抽象画の作者が矢野顕子さんのお祖父様で、しかも誰の手違いか、天地さかさまに飾られてあった、と知ったのは十年以上も後のことである。

春になる前に僕は退院した。

彼女の退院はまだまだ先であるという。

退院三カ月後くらいに、術後検診で東京医大に久しぶりに行った。その時に、エレベーターから出て来る彼女とすれ違った。

でも、僕はカッと顔が熱くなって顔を伏せてしまった。

同じ歳くらいの女子のパジャマ姿が、なんだかなめまかしく思えて、見ていられなかったからだ。僕は小学校四年生になっていた。

東京医大の思い出ばかりで枚数が尽きてしまった。いつかまたReNYでライブをやる時は、西武新宿駅から降りて、青梅街道を歩き、通院コースをたどってのハコ入りしてみようかな、とも思ったのだ。

新宿ReNY

JR・私鉄・地下鉄新宿駅西口から徒歩8分。新宿区西新宿6-5-1-2F ☎03・5990・5561 ロック・ビジュアル系・アイドルまでオールジャンルなハコ。

Vol. 17

ミュージシャンはたまにカフェにいる

The Live Spot

『Barrack Block Cafe』
『Cafe Mozart Atelier』

ユージシャンにとってハコは重要な問題だ。それ以上に楽屋というのも重要な問題である。

劣悪、と言っても過言ではない楽屋が未だ多くのライブハウスに内在しているその理由は、ライブハウスというものが我が国に発生を始めた60〜70年代、「ロックだとかバンドだかやるような若いやつらなんぞは、そこいらの物置の裏あたりで着替えさせりゃ十分だ」との思惑が経営者側にあり、そして出演者の若者たちも「俺たちゃそこいらの物置の裏あたりで着替えりゃ別にOKさ！　ロックなんだからよ」との、言ってしまえばチンピラの美学、みたいな空気感が共有されていたからだと思うのだ。

そのまま今日に至ってしまった原因と言えば、この〝チンピラの美学〟が、次から次へと現れる若い世代のバンドマンにしてみたら、一つの憧れの風景になっているからだろう。

若きロックなチンピラたちにとっては、そこいらの物置の裏あたりでチャッと着替えてバッとステージに飛び出るなんてのはむしろ〝粋〟でありうれしいくらいの景色だから。

しかし彼らの誰も自分たちが四十代や五十代になるなんてことを考えてはいない。

だから四十代、五十代の鋲《びょう》付き革ジャンパンクスおじさん十人くらいが、三畳も無いような楽屋で居場所が無くて立ったまま、ジッとひたすら出番を待っている哀愁あふれる高円寺や新宿のハコの空気感を想像も出来ないのだ。

若きチンピラの美学のために未だなお劣悪な環境の楽屋の中で、おじさんたちはトイレに行くにも「ちょっとすいません」「あ、どうぞ」「本当にごめんなさい」「いえお互い様ですから」と譲り合っている。もはやこの礼儀正しさの中で彼らがパンクスであると証明するのは革ジャンとモヒカン刈りだけなのである。そのモヒカンも低過ぎる天井が邪魔をしてヘタっと折れ曲がってしまっていたりして、実るほど頭を垂れる稲穂かな……と詠《よ》みたいほどの風景だ。

僕は声を大にして、ライブハウスの楽屋状況改善を要求したい。

若い頃ならいいけれど、大人になったら居住性はとても大切だ。体力的なこともあるし、プライドの問題だってある。なんでいい歳《とし》してビールの箱に座って本番を待たなくてはならないのか？

大阪の心斎橋にあるハコのせま〜い楽屋の椅子はビールケースなのだ。それどころかキャベツ運搬用の箱だったこともある。大人が座ればもれなく心が折れる。

三十代の頃、そこに出演した時、若い編集者が小説の出版についての打ち合わせで楽屋に来た。「大槻先生、今回の長編の映画権についてどう思われますか？」「え？　映画の話し来てるの？」「ええ先生、先生の他の作品についても」「ほう」「大槻先生の一存で決まるかと、どうしましょう大槻先生」。

大槻先生は腕を組んで著作映画化について考えたわけだが……それがキャベツ運搬用のケースに座ってなわけである。

コントかよ。赤塚不二夫のマンガの風景かっ、って話しだ。

中高年ロッカーの健康と誇りのために、思い当たるハコの経営者の方々は楽屋環境を早急に改善していただきたい。

ところが近年、喫茶店の一角で演奏を行なう、カフェライブがとても流行っている。

こうなると楽屋問題は大きく変わってくる。何しろ喫茶店なのだ。お茶を出すことがメインの場である。音楽をやるために造られたハコではない。ミュージシャンは一角をお借りして演奏させてもらっているのだもの、楽屋をどうこうせいと言える立場にまず無いわけだ。そもそも喫茶店に楽屋は無い。

無い、というのはいさぎよいもんである。文句をつけようにも「無い」ものはどうしようもないからだ。ミュージシャンの中には開き直って開場から開演までお客さんと共にコーヒーを楽しむ者もいる。ブラッと街へ出て散歩をして、開場時間になるやプロレスばりの入場方式で客席を歩いてステージに立つ者もいる。

先日、下北沢の『Barrack Block Cafe』で弾き語りをした時の僕が後者であった。

ほんの四十分のライブ直前下北散歩であったけれど、「へ〜、下北って駅再開発があってやたら店が変わったね」。よく行ったミリタリー服の店も、70年代フォークシンガーが集う飲み屋も、別の店舗に変わっていた。歩いていると昔からある飲み屋を見つけたので一杯ひっかけに入れば「あれ？　大槻君」先輩ミュージシャンがお仲間と飲んでいた。

『251』という近くのハコで、これまた僕の知るバンドと本日やるのだそうだ。「本番前にちょっと一杯だけね（笑）」考えることは皆同じだなぁ。『251』の楽屋もあまり広くはない。

喫茶店……カフェによっては経営者の方が自室を楽屋に開放してくださる場合もある。京都の金閣寺の近くにある『ＳＯＬＥ ＣＡＦＥ』などはそうだ。ここはご夫婦で店を切り盛りして沢山のミュージシャンが出演している。お部屋開放はありがたいのだけれど、ちょっと恐縮してしまうところもある。「お邪魔しちゃってすいません」みたいな。

一昨年だったか、仙台の『Cafe Mozart Atelier』という店で弾き語りをした。

東北大学片平キャンパスのそばにあり、バルコニーに出るとすぐそこに広瀬川が流れているカフェは、調度品から何からシックで『こんなとこで歌うなんてちょっと照れちゃうなぁ』と思うほどオシャレ&女子力の高いお店であった。でもカフェなので、やっぱり楽屋は無かった。

「いや無いことはないんですよ」と言って店主さんが店の一角のカーテンを開くと、それこそ物置なのだろうか？　一畳ほどのスペースがあった。壁に向かってテーブルと椅子が置かれていた。

周辺の様子もわからないので本番までそこにいることにした。

正直『仕方無いかなぁ』といった気持ちで入ったのだ。

ところが「あれ？　なんか、いい」。

椅子に机だけの一畳ほどのスペースというのが、そのあまりに何も無いシンプルさが、妙におさまるというか、子供の頃に親が物置を利用して作ってくれた初めての自分用の部屋、みたいなスッポリ感で、国語のドリルとか始めたくなる妙な安心感と心地良さがあったのだ。

狭くても広くてもミュージシャンはアレコレ言う。

Barrack Block Cafe

小田急線・京王井の頭線下北沢駅南口から徒歩1分。18時30分〜24時、不定休。世田谷区北沢2-19-15-4F　☎03・5787・6917　ドリンク500円〜、スナック食べ放題。

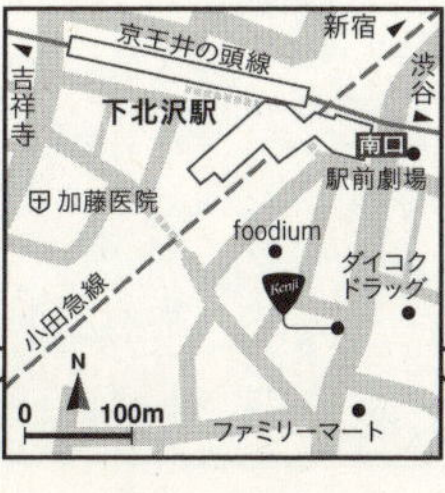

Cafe Mozart Atelier

地下鉄東西線大町西公園駅から徒歩9分。11時〜20時30分（曜日により異なる）、無休。仙台市青葉区米ヶ袋1-1-13-B1　☎022・266・5333　ドリンク500円。

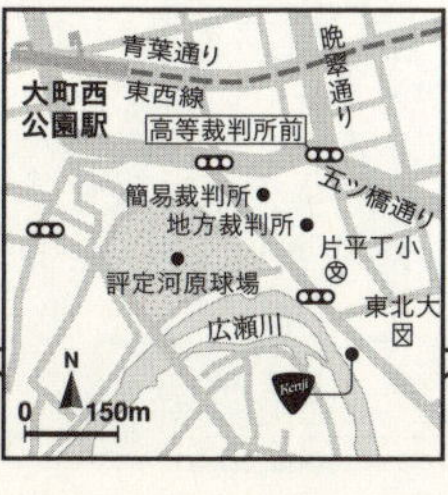

Vol. 10

2014年7月号「黄昏の『音霊OTODAMA SEA STUDIO』」

イラストコレクション

正しいイラストレーターは、読者のために絵を描きます。でも僕はオーツキ君に喜んでもらいたくて描いています。絵描きとしては間違えていますが、ファンの一人としては正しいです。よね？

Vol. 11

2014年8月号「『日本青年館』でちゅーちゅー」

Vol. 14

2014年11月号
「北部公会堂」

『散歩の達人』連載時

喜国雅彦

Vol. 17

2015年2月号
「『Barrack Block Cafe』『Cafe Mozart Atelier』」

Vol.
18

私を新宿ロフトへ連れてって……
西口の方の

The Live Spot

『新宿ロフト（旧）』

あまりロック音楽に興味のない人でも『新宿ロフト』と聞けば「ああ、ロックの聖地……」と応へるのではないか。

実際、このハコは今まで数えきれないほどのバンド、ミュージシャンを育ててきた梁山泊である。その歴史を振り返るなら聖地と呼んで過言ではないライブハウスだ。現在も新宿歌舞伎町にあって連日連夜バンドがロックをプレイし続けている。

その昔このハコは新宿西口にあった。

西武新宿駅を降り、大ガードをくぐり、今もある金物屋の角をまた右に曲がれば小滝橋通りだ。三百〜四百メートルほど大久保方面に歩いて行くと右手に旧ロフトがあった。

〝西口のロフト〟についての記憶も、当時の客や出演者の高齢化が進むにしたがって曖昧《あいまい》になりつつあると思うのだ。僕の西口ロフトの記憶をここに少しだけ残しておきたい。

初めて客として西口のロフトへ行ったのは高校生の頃、カルメン・マキさんがやっていた「5X」というヘヴィ・メタルバンドを観るためであった。

初めてのロフトとあって気張った高校生男子は、ロック風ファッションをどう解釈し間違えたのか、高円寺で購入した民族衣装系ズボンに人民服で身を固め、緊張しながら新宿を歩いていたら黒人の集団に囲まれて「アナタ、ドコノ部族の人デスカ」とマジ聞きされて焦った、というエピソードをこれまでいくつのエッセイに書いてきたかわからない。

国籍不明の風体でいよいよ西口ロフトにたどりつくと、地下にあるロフトのステージからロフト一階の入り口まで、かなりの大きな音で5Xのリハーサル演奏音が聞こえて来て興奮したものだ。

店の前には長椅子があった。そこに座った数人の若い男たちが誰か人を待っているようであった。「おせぇな〜」としびれを切らしているその中の一人の手には、8ミリカメラがあった。初めてのロフトなので、チケットの買い方などもわからず、何となく彼らの横に立ってボーっとしていると、小滝橋通りの方から、一人の、容姿も服装も地味な、化粧っ気のない女の子がフラフラッとよろけるような足取りでこちらへ歩いてくるのが見えた。

「おっ、〇〇子」「早く来いよ」どうやら男子たちの待ち人は彼女であったらしい。すると〇〇子は彼らの目前でバターン！　といきなり地べたに倒れ込んだのであった。気絶したような感じだった。〝部族スタイル〟の僕もびっくりしたが男子たちももちろん驚いて彼女にかけ寄った。と、女の子はゆっくりと上体を起こし「……朝から何も食べていないのよ……」とつぶやいた。その仕草や言い方が奇妙に芝居ががっていた。「私、だるいのよね。ってかさ、私、本当にあってる？　この映画に」遠巻きに聞いている内にどうやら、彼らが自主映画を作っているサークル仲間であり、今日のロケ地が新宿ロフト前で、主演女優が「だるいのよね」の彼女であるとわかった。さらに、彼女が「本当にあってる？」どころか、自分を原田美枝子や桃井かおりレベルの個性派女優と思っている、いわゆる不思議ちゃん、であり、いきなりの西口ロフト前昏倒《こんとう》も、彼女なりのパフォーマンス、言ってみれば映画撮影前の男子たちに対する〝かまし〟であることも雰囲気でわかった。

80年代当時、まだ〝不思議ちゃん〟という言葉は無かった。でも、コミュニケーションの取り方が下手だったり、感性が少女過ぎたりで、傍《はた》から見たなら突飛な行動を取ってしまう女の子というのが当時から結構いた。特にライブハウス、ハコ周辺には多かった。

僕がデザインの専門学校に通っていた頃、同じクラスに新聞奨学生の女の子がいた。

眉の上でパッツンそろえたボブカットの彼女は無口で、女子とさえしゃべっている姿を見たことがなかったのに、ある日フラフラッと僕の席へ歩いてきて決然と言ったのだ。

「お願い。私を新宿ロフトへ連れてって」

しかも、ＺＥＬＤＡと招き猫カゲキ団の対バンライブという。当時にしてもよほどマニアなラインナップの夜に、連れて行けと言う。

実は戸川純さんに憧れて地方から東京へ出て来たのだという彼女。しかしモラトリアムで入ってきた若者ばかりの専門学校で同好の士を探すことが出来ず、モンモンとしていたところ、同じクラスの大槻というのがどうやらバンドをやっているらしいと聞き『え〜い、もうあいつでいいや』と妥協して、ナビゲーターとして僕を抜擢してくれたのだ。

しかし、僕もまた当時、コミュニケーションの取り方が下手だったり、感性がまだ少年過ぎる〝不思議くん〟であったものだからめんど臭い。

『えっ!?　何!?　このコ、オレのこと、好きなの!?』

逆ナン、という言葉が当時あったかどうかわからないが、僕は「私を新宿ロフトへ連れてって」の言葉を、すっかり女子からのふいのデートのお誘いと思いこみ（バカですな）、もうドキドキで当日、金物屋の角を曲がって西口ロフトへと小滝橋通りを早足で急いだに決まっている。

ライブは楽しかった。二百人も入ればギッシリなロフトの床は市松模様だ。白と黒の対比の中に彼女の履いて来た真っ赤なヒールのキラキラとなんと輝いて見えたことか。

ライブが終わると彼女は帰りの道すがら堰《せき》を切ったように自分語りを始めた。

地方で孤独でどれだけモンモンとしていたか。東京へ出て来て失望もしているけれど、これからどんなことをやりたいか。「とにかく私は戸川純になるの」。そして今夜のライブがどれだけ楽しかったか。気が付けば僕らは電車に乗らずに語り合いながら新宿から高円寺まで歩いていた。

翌日、すっかり彼氏気取りの僕が「おはよう」と声をかけると、なぜか彼女はそれを無視して席に座り、それからずっと僕に話しかけることはなかった。え？　なんで？　どうも彼女は昨夜一晩一気に自分語りをしたことでストレスが解消され、それ以前の無口な不思議ちゃんに戻ってしまったようなのだった。僕は彼氏どころか、彼女にとっては単なるハコ案内係兼ガス抜き役であったということだ。

西口の新宿ロフトは数々の伝説を残した。でも実はこの「私を新宿ロフトへ連れてって」程度の、ちっちゃ〜いネタも残してくれているのです。

新宿ロフト（旧）

1976年、本格的なライブハウスとして完成。オープン時には、西岡恭蔵、矢野顕子、サディスティックスなどそうそうたるアーティストが演奏した。1999年に東口に移転。

Vol.
19

心斎橋で
レモンティーを一杯

The Live Spot

『OSAKA MUSE』

先月（2015年2月）、シーナ&ロケッツのシーナさんが病によって六十一歳で他界された。

何度かライブでご一緒させていただくことがあったくらいの面識だというのに、訃報を聞いた時、大きなショックと共に、穴が開いたようなポカーンとした喪失感を感じた自分自身に驚いた。

シーナさんを初めて〝目撃〟したのは僕が高一の頃、池袋のデパート屋上での無料ロックイベントであった。そのイベントの終盤に近隣から騒音抗議があって、トリを務めるシナロケが一曲しか演奏を許されないという緊急事態となってしまった。納得のいかない観客が荒れ狂うその中へ現れた鮎川誠さんは「俺ら、一曲だけやります」と言って、ストーンズの『サティスファクション』を、延々と四十分くらい、1ステージ分やって帰っていった。しびれるとはこのことか、と思うくらいの、たった一曲、なのであった。

初めてセッションをさせていただいたのは十数年前の武道館であった。曲は『レモンティー』、ヤードバーズの『トレイン・ケプト・ア・ローリン』などを元曲としたシナロケの代表曲である。歌っていると、シーナさんがあの超ミニスカにド派手なメイクでツツツと僕に近づいて来て、クワー!! と、女豹《めひょう》が獲物に喰《く》らいつく時みたいな、なんていうんだろうあるじゃないですか、女ヴァンパイアが今こそ襲うぞ！みたいな、セクシー・ビッチ顔で僕にクワーッ!! としてみせたのである。まあロックンロールだもの、それはシーナさんにしてみれば後輩に対するエールみたいなものだったのであろうけれど、あのシーナさんに直でやられると、そりゃ大概の男はビビりますわな。

『わわわ！ シーナさんが俺にクワーッ！とやってくださってる、ど、どうしよう』

もちろん、こちらも、そこは渾身《こんしん》のクワーッ!! で返さなくていけないに決まっている。でも、同じロックを業とする身とは言え、僕のやっている類いのロックにクワーッ!!って表情スキルはないんである。そもそもやったことないよクワーッ!! なんてオレ焦ったものである。

しかし、目の前数十センチの距離でシーナさんがクワーッ!! の表情を決めておられるのだ。ここはオレも生涯初クワーッ!! でもって返さなければ。でも一体、あの表情って顔のどこに力入れたらできるんだクワーッ!?

悩んだために僕の顔面は一瞬フリーズしてしまった。結局なんとかかんとか顔面の筋肉を駆使して自分の思うクワーッ!! を返したんだが、その間コンマ数秒、クワーッ!! をキープして下さっていたシーナさんの顔面に『ん? この子、返しおそいわね』との表情が浮かんだのを僕は今でも覚えている。

『あんた、大丈夫? できる? クワー!!』若干、母目線にさえ見えた。

『レモンティー』という曲自体にも思い入れがある。シンプルで強烈なリフ。「しぼって僕のレモンをあなたの好きなだけ」との、こちらもシンプルで、かつエロティックな歌詞のこのナンバーは、80年代にバンド小僧の青春を送った者たちにはド定番の一発なのであった。当時、楽器を手にした少年の中でこれを弾いたことが無いという輩《やから》はまずいなかったと思う。だからいつ何時どんなセッションがあっても「レモンティーならわかるよね?」と誰かが言えば、あうんの呼吸で「しぼって僕のレモンを」と演奏が始められた。

二十数年前の大阪のハコでもそうだった。

心斎橋から戎橋へ続くアーケードの一本だか二本だかはずれた道沿いに『OSAKA MUSE』というライブハウスがある。楽屋からステージへとグルグルと螺旋階段を登って行くのが印象的な、約二百五十人キャパのハコである。ちなみに近くには串かつとオムライスのうまいレストラン、『明治軒』もある。

二十数年前、このハコでハプニングがあった。リハが終わり、『明治軒』でオムライスをいただいて、いざ本番、と例の螺旋階段をグルグルと登っていると、下の方で「おい、どうした?」と、あわてた声が聞こえた。

またグルグルと階段を下りていくと、メンバーの一人が衣装もメイクもバッチリ決めた状態で、大の字になって床に倒れていたではないか。

「え? 何? どうしたの?」

声をかけるがメンバーは目を見開いたまま「だめだ、だめだ」とうわごとのようにつぶやいていた。何がどうだめなのかよくわからないが、スタッフが病院へ連れていくことになった。

残された者たちは再び螺旋階段をグルグルと登り、メンバーが急病であることと、今いる人数で出来る曲を何曲かやりますと告げた。実際に何曲かやったものの、倒れたメンバーのパートが無くては成立しない曲がレパートリーの大半だった。すぐにメニューが尽きてしまった。どうしたものか?というその時に、メンバーが言ったのだ。

「レモンティーならできるけど」

よし、じゃあそれやろう。即決した。

メンバー一同、80年代にバンド小僧の青春を送った者たちなので、あうんの呼吸でド定番の一発を『OSAKA MUSE』のハプニングの夜にかましたものだ。

倒れたメンバーはライブ後には元気を取り戻して帰ってきたように覚えている。結局なんだったのかと言えば、当時はそんな言葉は一般的ではなかったが、パニック障害的な心因性の異常であったようだ。

実はMUSEのライブの少し前に、彼の母

が亡くなっていた。ツアー先のホテルのロビーで訃報を受けた彼が、フロントにつっ伏して号泣する姿をメンバーの一同が見ている。様々な要因はあったろうが、母を亡くすという喪失感がライブ直前の異変につながったのではないかと思う。

シーナさんの訃報を聞いた時に、自分でも驚くほどの喪失感があった。僕と同年代の男性ミュージシャンの何人もが「そんなにお会いしたことなかったのに自分で驚くくらいショック」と言っている。やはりそれはシーナさんが女性であり、しかもガキの頃から見てきたトビッキリ強い女、とあって、気付かぬ内に彼女に皆、母性を感じていたからこそのこの喪失感、なのであろう。

OSAKA MUSE

地下鉄御堂筋線心斎橋駅6番出口から徒歩3分。大阪市中央区心斎橋筋1-5-6ミューズ389ビル　☎06·6245·5389　ロック、ビジュアル系、アコースティックなど幅広いジャンル。

Vol. 20

ロックを書くなら『荻窪ゆ～とぴあ』

The Live Spot

『前進座劇場』

小学校の高学年になると、学校から帰って夕方六時くらいまで、秋や冬には辺りの暗くなった道々を、自転車に乗って走りまわったものだ。

中野区に家があったので、東方向なら高田馬場、南方向は新中野、北側は練馬が門限までに行ける限界のテリトリーだった。西方は阿佐谷だ。だから当時の僕にしてみれば、その先にある荻窪、西荻は近くて遠い夕暮れのこの世の果ての外にあったのだ。親と出かける用事も無い町であったし。『一体、何がある町なのだろう?』と、想像をふくらませながら夕方、阿佐谷でちゃりんこを家の方角へとターンさせた。

では大人になっていざ、そのこの世の果ての外へ行ってみたら一体そこに何があったのかと問われれば、ズバリ『荻窪ゆ～とぴあ』があった。天然温泉につかれてリラックスルームでマッサージや映画まで楽しめる五階建てのスパ施設だ。

荻窪駅歩いて五分の中央線リゾートである!って、他にもいろいろあるだろうし、何で真っ先に『ゆ～とぴあ』なんだよ。そもそも今じゃ『東京荻窪温泉なごみの湯』って名前に変わってるよそこ、という話なんだが、僕にとって荻窪といえば『ゆ～とぴあ』なんである。一時期、本当によく通っていたのだ。

ロックバンドの歌詞を書くためにだ。

最近はのぼせちゃうんで、さっぱりやらなくなったけど、僕は小説や歌詞の創作に煮つまると、スーパー銭湯やスパ施設に行って案を練ることがあった。

マイナスイオンの効能かなんなのかわからないが、ある時、湯やサウナに入って「アウ〜……」とか言ってたら、ふっ、とアイデアが湧いたことがあるのだ。以来、あちこちの湯をめぐってロックの詞を書くのが半ば趣味と化していた時期があったのだ。「事件は現場で起こっているんです！」とは何かのドラマの名言だが、「ロックは『荻窪ゆ〜とぴあ』で作られているんです！」などとはエアロスミスでも思うまい。

しかし、さらに真実を告白するならば、『荻窪ゆ〜とぴあ』よりも『豊島園 庭の湯』の方こそがロックの作詞には適していた、との感が個人的にはあった。この、遊園地の隣のいい塩梅のスパ施設の、特に「軟水虎目風呂」という、ややぬる目の風呂がロック作詞にバチハマリのコラボ効能なのだ。「う、うう〜っ、は〜極楽極楽。」などと声をもらしながらたとえば「人狼天使」「殺神」などというDEATHな詞を書いていた。『人狼天使』は『庭の湯』で作られているんです！」

……何か今、ファンの方々を僕とってても裏切っているような気もするんだけど事実なのだから仕方が無いことだ。

『ゆ〜とぴあ』ならミストサウナと「アルス玉風呂」がロックの作詞に効能が高かった。（あくまで個人的な感想です）。直径一センチほどのアルス玉というボールが敷きつめられた風呂である。湯の熱とアルス玉が体の各部位をほどよく刺激してまた創作をサポートしてくれたのだ。「岩盤浴情報ガイド」というサイトによればアルス玉とは「遠赤外線外放射率を有する」「特殊セラミック」ボールなのであり「発汗の促進と新陳代謝の向上が期待」できるのだそうだ。そうなのか。なんだかわからないが、できるなら「ロックの作詞の効率向上も期待できる」と一行付け加えていただきたい。

……ああ、今回まだハコのことを書いていなかった。

荻窪にはいくつかのライブハウスがあるようだ。僕は出演したことがない。西荻には『西荻WATS』という老舗が05年まであった。ここにも出たことがない。

西荻の外れ、もうほぼ吉祥寺エリアには『前進座劇場』というホールがあった。おととし三十年の歴史に幕をとじ閉館したのだそうだ。演劇中心のハコだ。バンドのライブが行なわれることもあった。僕も二十年くらい前に歌ったことがある。『わたくしだから』というソロアルバムのレコ発記念であった。歌舞伎劇団前進座の活動拠点でもあるちょっと渋目のハコ。そんなとこで僕がなぜライブをやったかと言えば、『わたくしだから』は、パンク・ハードロックばかりをシャウトして来た僕が、初めて挑む、ブルース、バラード、フォーク等、いわゆる〝歌もの〟を取り入れたアルバムだったからだ。それに合わせて、ちょっといつもと違った雰囲気のハコでライブをやってみようという、これも初の〝試み〟であったわけである。

『わたくしだから』を出した頃の僕は、パニック障害その他の原因で、精神的につらい状況を克服している時期であった。『わたくしだから』の前に出したアルバムが、自分の病状と真正面から向かい合うヘヴィなものであったため、次は、まあ、少し息を抜いて、ラフに歌ってみようよ、との気持ちから〝歌もの〟をアルバムテーマに持ってきたわけだ。

ところが今までパンク・ハードロックばか

りを歌っていた者の突然のなごみ湯気分は、傍《はた》からはいきなりの路線変更と思われて—僕は今でもわりとこのアルバム好きなんだけれど—『わたくしだから』の評判やセールスはあまりいいものにはならなかった。

ライブもビミョー、という、少し前に流行った表現がピッタリの微妙なノリになってしまった記憶がある。

あの日、『前進座』に来てくれたお客さんは、どうしたってパンク・ハードロックシンガーのオーケンを期待していたのだ。新譜を聴かずにレコ発ライブに来る人も多い。その面前でいきなりブルースとかバラードとかディランⅡの「プカプカ」のカバーとか歌い出したものだから、盛り上がるというより、ザワついている、ようなまさにビミョーなノリの『前進座』の客席になってしまった。

僕はまだ若かった。焦ってしまい、後半ついに、いつものように叫んでお客さんを立たせた。多少ノリのある曲で踊ってもらって、なんとか帳尻を合わせるような形でライブを終わらせた。

自分のテリトリーの外にユートピアは無かったのだ……て感じで、喜んでくれていたお客さんがいたなら申し訳ないことだけれど、個人的にはちょっとホロ苦い、西荻のはずれのハコの思い出なのである。それでついつい前半、『ゆ〜とぴあ』のことばかり書いてしまったんだな多分。

あの時、気負わずに歌ったならのぼせなかったのだろうにね。

前進座劇場

1982年、地元民の募金などや松本清張などの後援者の援助を得て設立。2012年、建物の老朽化や隣接する病院の拡張なども重なり、惜しまれつつ閉館。

Vol.
21

お客さんのディナーに ちょいと呼ばれて歌って

The Live Spot

いつかはマイハコ～
『TALK LIVE BAR HOURZ ROOM』

来年（2016年）で僕は五十歳になる。

五十歳になったらもう、自分の好きなことだけやって生きていこうと決めている。もう、したいことしかやらない。

ところが、困ったことに、したいことがあまりない。グルメ、ギャンブル、スポーツ、財テク、政治……五十歳も手前になってようやっとこの世の一切合切に対して「……別に」興味ね〜な〜オレ、という自己存在の耐えられない軽さに気がついてしまったのだ。ん？恋愛？　どんなものだったか思い出せない。それおいしいの？

散歩は好きだ。特に、初めて訪れる町をホテホテと用事も無く歩くというのは、その無意味な行動自体が意外に、人間の生の本質をついているように感じたり感じなかったり。

先日も、ライブで訪れた某A町の駅前を、ライブ開始直前に歩いてまわった。

何も無い町であった。駅のそばに『ABCマート』とか『トイザらス』が入ったモールがあるだけだ。『トイザらス』の奥の方で制服姿の中学生カップルが手をつないで歩いていた。町の人々が皆やってくる場所だから、トイザらスの奥であっても学友などに見つかりはしないかと二人はドキドキしているようだった。そうか！　あのドキドキが恋か？　だったら素敵だな。可愛いな。素敵で可愛くてオレにはもう似合うはずもないから恋愛なども「したいこと」リストからはずしておこう、と思いながらモールを出てライブハウスへ向かった。

ライブは好きだ。

したいことだ。ロック、アコースティック、トークライブでもかまわない。毎日だってライブをやりたいと思う。それは多分、僕が人付き合いがあまり得意でないのが理由だ。

一対一や、数人の人達と顔を合わせてコミ

ュニケーションするというのが子供の頃から苦手だ。対等の立ち位置は気を使って疲れてしまう。むしろステージに立って、何十人から何万人の人達に一方的に話しかける、歌う、という対峙《たいじ》の仕方のほうがよっぽど楽だと感じる。自分の話しかしたくない。人の話に興味が無い。一方通行の舞台上のコミュニケーションは楽でいい。だから多分、僕はライブが好きなのだ。しょうもない理由だなぁ。

　大阪の肥後橋に『TALK　LIVE　BAR HOURZ ROOM』というハコがある。作家の竹内義和さんが経営しているトーク中心のハコである。経営……というか、竹内さんが御自分の事務所をハコとして兼用しているのだ。作家仕事を終わらせて夜になると竹内さんはトークライブハウスのオーナーになる。サブカル二毛作である。さらに注目すべきは、たとえば、2015年3月のこのハコのスケジュール表を見ると、休み無しで連日行われている夜の演目三十回の内の二十一回にハコの主である竹内さん自身が出演者として記載されていることだ。

　3月3日「ツインテイルズ強化ミーティング」では「肥後橋アイドル『ツインテイルズ』とトーク。22日「ガリガリ！　男塾」ではガリガリガリクソンさんとトーク。さらに、毎週木曜日には「ぼくラジオ」と称して月に四回の一人語りまで行っている。

「うむ、つまりオレが五十歳からやりたいのはこれだ。〝マイハコ〟だ」

　毎日歌ってしゃべってライブのできる〝俺のスペース〟言うなれば〝マイハコ〟。

　竹内さんのマネっこをして、オーケンも同じように〝マイハコ〟をいつか持ってみたいな、と、HOURZ ROOMに出演した時、ハタ！　と膝を打ちたくなるくらいそう思ったものだ。

　竹内さんの〝マイハコ〟の、五十〜六十人

も入れば満員、というキャパ数もちょうどいいサイズだと思った。これ以上少ないと、昔ちょっと売れたバンドマンがやっているカラオケスナックみたいなことになってしまう。それはそれでありだけど、マイハコ、なのだ、スナックとは違うのだ。

……モール散策の後に訪れた某A町のライブハウスも、ある意味マイハコなスペースであった。

こちらは豪華で驚いた。閑散とした高架沿いの一角に突如デーン！とそのハコは立っていた。青山の『ブルーノート東京』をワンサイズ小さくしたような、天井の高いレストランの作りになっている、シェフの創作料理を楽しみながらライブを見ることができる。おしゃれなライトに照らしだされた舞台上に置かれたグランドピアノはスタインウェイだ。ディナーショーをやるようなところだ。

なぜ、この町に？　誰が作ったのこんなハコ？

驚いていたら、インカムを付けたスタッフが楽屋に来て「御出演の方にディナーを用意しております。お肉とお魚とどちらのメインがよろしいでしょうか？」ミートorフィッシュと尋ねられた上に「終演後、当店代表の御挨拶がございますので」とのこと。「は、はぁ」と答えたところ終演後、実際にお肉のディナーが楽屋に運ばれてきて食べたところ御飯が不思議な食感だった。な、なんか粉っぽいなこれ。

「今夜はシェフがクスクスを選びましたの」顔を上げると小ギレイなマダムがニコリとほほ笑んだのであった。「あ、店長……代表の方ですね。スゴいお店ですね」

「いえね、私、音楽やライブが大好きでしてね、だったらもう作ってしまおうと思いまして」

「あ、マイハコ。それにしても音もいいし、何よりゴージャスだ。よっぽど音楽マニアでいらっしゃるんでしょうね」

「ウフフ、そうねぇ。だからアレですよ、昔の貴族みたいに、自分のディナーにちょっとプロのミュージシャン呼んじゃお、ウフフ、みたいな？　で、作っちゃったんです」

　貴族様のディナーのBGM役にちょっと呼ばれたプロのミュージシャンとしては、思わず食べていたクスクスをスペペ！と噴き出しそうになったわけだが、マダム代表、まったく悪気なくニコっと言うものだから、むしろ「あはは、そりゃ最高っスね」とこちらもついつい笑ってしまった。

　ちなみにいつか呼びたいミュージシャンはサザンの桑田さんとドリカムだそうだ。フツーか（笑）。桑田さんはこれ読んでいたらマダムの夕飯時にちょっと歌いに行くように。

「いつかはマイハコ」僕の場合は桑田さんでなくて僕自身がちょいと出よう。おそらくそれは昔の貴族のディナーより自分的にはずっと楽しい。

TALK LIVE BAR HOURZ ROOM

地下鉄四つ橋線肥後橋駅6番出口から徒歩1分。大阪市西区江戸堀1-4-21-2F2号　☎06・6940・7469　サブカルチャーをはじめ、さまざまなジャンルのトークライブが行われる。

Vol. 22

酩酊の観客がハコにいる（しかも最前列に）。

The Live Spot

『ロック・バー デイ・オブ・レイジ』

ライブハウスでは「ドリンク」と言って、チケット代以外にジュースや酒を注文することがお客さんにほぼ義務づけられている。

大体1ドリンク五百円といったところだ。中には2ドリンクのところもある。3ドリンクぼったくる……いや、オーダーをお願いされるハコもある。

三杯も酒を飲んだら弱い人ならへべれけであろう。人によっては一杯だって千鳥足だ。

何杯飲んだのかはわからないが「この人酔っ払っちゃってるよ大丈夫かな～」という酩酊《めいてい》の観客、というのがたまにハコにはいる。言葉を選びに選んで、そういったお客様に一言申し上げるなら、とても迷惑である（笑）。

新宿歌舞伎町の『ロフトプラスワン』でトークライブを行っていた時、ステージ上に時々、ふわっ、ふわっ、と何か小さな白いかたまりが飛来してくることがあった。

客席からそれは飛んで来るようであった。

「何だ？　まさかケセランパサランか？」なんでプラスワンの店内にいにしえのUMAが飛んでいるのかって話ではある。ステージ上の演者というのは一種独特の意識状態にあるため、そんなことさえ思う妙な光景であった。

飛来する白いかたまりは数を増し、同時に、それが投げ入れられる度に「オウッ」「オラッ」という、ヤクザが池の鯉《コイ》にエサでもやっているかの、上品とは言いがたいかけ声も聞こえ始めた。女性の声であった。

声の方向を見ると満員の客席の中に、べろんべろんに酔っぱらった三十歳前後の女性客がオウオウ言いながら手に持った袋からスナック菓子を鷲摑《わしづか》みにして舞台上へとほうり投げる姿があった。

明治のカールのようであった。おそらくチーズ味だ。よくライブを見に来て下さっている常連の方であった。どうも今日に限ってアルコールドリンクを飲み過ぎてしまったようであった。人間だもの、そんな日もある。でも、迷惑だ（笑）。

いやしかし、注文が義務のライブハウスならまだいいけれど、これがバーなんかであった場合はどうなってしまうのだろうと思っていたら、当連載のイラストを描いて下さっている喜国雅彦さんから、「バーで歌ってみない？」と福島のハコを紹介していただいた。『デイ・オブ・レイジ』という店だ。ミュージシャンやプロレスラーを招いてライブやトークを主催しているとのこと。先日、喜国さんも出演したのだそうだ。喜国さんの紹介ならばいいハコに違いないと思い、ギター一本弾き語りライブを行うことにしたのである。

で、当日、福島駅の近くにあるデイ・オブ・レイジを訪れてみると、やっぱりいいハコであった。もう完全なバー。カウンターがあって酒ビンが並んでいた。うれしいのはハードロックとプロレスのポスターや関連書籍などもズラリと揃えられているところである。それもプロレスでいえばFMWとか新生UWFとか、世代にはたまらないラインナップでもってアラフィフ男子の脳内中学一年生部分をビリビリとしびれさせてくれるのだ。その中二脳ビリビリ空間にビッチリ限定二十五人様をつめこんで弾き語りをした。ステージなんてもんはないから目の前にはすぐお客さんだ。背中にはピッタリ本棚なんである。本棚にはゲージツ家の篠原勝之さんが藤原組長や前田日明さんと対談した『ケンカ道』なんてのが収まっている。こんな本を未だに持ってるやつは世界にオレ一人かと思ってたよ。

中二脳空間で楽しく歌っていたわけである。

ところがライブも後半になってきたところであった。最前列のお客様。それも女性がどうもお酒を飲みすぎて〝いい塩梅〟になってしまったようなのである。〝へべれけ〟と言ってもいい状態と化していた。

「じゃ次は『蜘蛛の糸』という曲を歌い……」

「昇ったことあるわよおおっ！」

「え？　は？　お客さん、蜘蛛の糸を昇ったことあるんで……」

「あるわよ、あるに決まってるわよおお！」

やおらMCに大声で食って入って来たかと思えば、何やら両手を中国拳法の達人でもあるかのように自分の頭の上でクルクルと回転させてみせた。糸巻き巻き。おそらくそれは、お釈迦様が気まぐれにカンダタに垂らした一節の蜘蛛の糸を、両手の高速回転でたぐり寄せて「昇ったことあるわよ」「あるに決まってるわよ」との、芥川龍之介もビックリの蜘蛛の糸巻き巻き再現ということなのである。

酩酊の観客、登場。蜘蛛の糸を巻き上げながら。

何やら文学さへ思わせる出現の仕方である。続く一言もなかなかの酔いどれ感が味わい深かった。店内の他のお客様たちに対し「（あんたたちも）あるでしょ？　昇ったことあるわよね？」どう答えていいのかさっぱりわからぬ哲学的超難度大喜利を振ったものだ。

と同時に、足元のグラスを蹴倒して床を自

分のバッグもろともベチョベチョに濡らすという酔客ならではのムーブさも見せつけた上に、宣言した。

「あたしが歌のカウントを入れてあげるわよおお」

「え？　曲の？　はあ、そうすか、じゃあ、お願いします」

「行くわよっ！」

「あ、はい」

「……せえええのっ！」

　せえのっ、で入れるロック・ナンバーというものを私は金沢明子の「イエロー・サブマリン音頭」くらいしか知らない。とは言えあの曲をロックにカテゴライズしていいのかも微妙なところだ。何より、そもそもこれから歌うのは「イエロー・サブマリン音頭」ではなくて「蜘蛛の糸」なのだ。


「ほら！　もう一回、カウントするわよ、せーーのっ!!」

　酩酊の観客は後になって、反省文、を手紙にして送ってくる場合が多い。「やっちまったぁ」という自覚があるのであろう。ひたすらハコでの失態を謝る内容のお手紙を今まで何通かいただいた。福島のハコの人はその後、サイン会に来て下さって「あの日はすみません」恐縮したのであった。「気をつけて下さいよ～」と返した言葉を今後のために心にしっかり巻き巻きしていただきたいもんである。

ロック・バー
デイ・オブ・レイジ

JR・福島交通福島駅東口から徒歩10分。19～24時、火休（不定休あり）。福島県福島市置賜町7-5
☎090・4048・0430　アルコール500円～。ジャックダニエルが18種類もそろう。

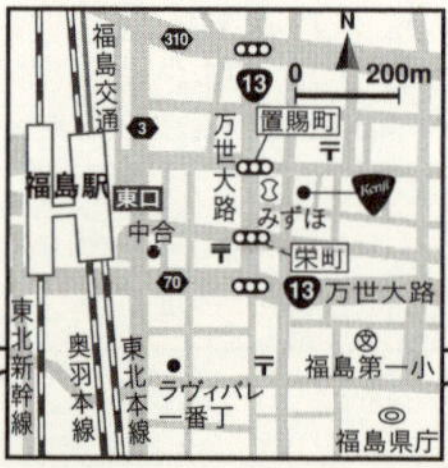

Vol.
23

妖怪ぬりかべのいるハコ

The Live Spot

『SHIBUYA CLUB QUATTRO』

僕は仕事柄、沢山の絶景を目前にする機会に恵まれてきたと思う。

それは、足元に二つの、コロガシと呼ばれるモニター台が置いてあって、その先に多くの、ハコによっては数千、数万の人々が、拳を振り上げ自分に対して熱狂的なまでに叫び、歌ってくれている姿があるという、ステージの上から観るライブの光景だ。それはまったく、絶景だ。

もちろん、コロガシの先に人っこ一人いやしない、とか、他のアーティストを観るために集まった観客たちに死んだ魚のような目で一時間もジーッと見つめられ続けるとか、違った意味での絶景もまた、沢山見て来てはいるのだが。

いずれにしろめったに見ることので出来ない風景を目にすることの出来る職に就けたことはラッキーであったと思っている。ちなみに、ステージ上のバンドに、まるで興味の無い客たちが、死んだ魚の目でジーッと固まる様子を〝地蔵化〟と呼ぶ。あの地蔵さんはなかなか手強いものだ。『早ク終ワレ……早ク終ワレ……』との念波がロックを激唱していてさへハッキリと聴こえてくるのだからその恐ろしさは〝妖怪早く終われ地蔵さん〟と名付けたいほどだ。

まあ最近はオーディエンスのライブ鑑賞リテレシーがとても高まっていて、みんな演者にそれとなくの微笑を浮かべて観てくれるようになってきているものの、それとなくの微笑……アルカイックスマイルを浮かべる石仏って、それやっぱりリアルお地蔵さんじゃないか。

今まで見て来た中での絶景ベスト1は、さいたまスーパーアリーナであった。

数人の女性声優さんと共に、大槻ケンヂと絶望少女達というユニットで屋内フェスに参加した時のこと。ヘッドライナーは水樹奈々さん、GACKTさんも出演のアニソンイベント、アニメロサマーフェスティバルには二万八千人以上の観客が集まった。アニメイベントのお約束なのであろう、全員が手にサイリウムを持って輝かせながら振ってライブを観る。コロガシのこっちから見たなら圧巻の光の海なんである。どう表現しても陳腐になるほどの、二万八千人のサイリウムは、一人で両手に八本持ってる輩までいて、光の海でもあるし超巨大な妖怪海ほたるのごとしである。これもまた手強い妖怪であった。絶景の妖怪であった。

ところで絶景の反対の言葉は悪景であろうか?

以前、「東京の悪景」と題した雑誌の特集があった。確か扉のページは日本橋であった。その上を通る高速道路との明らかなミスマッチングを悪景と表現していた。本当そーだよなーと思ったものだ。

ハコのステージ上から見る悪景の一つは例の妖怪早く終われ地蔵さんであるが、これは自分たちの非力さゆえの観客妖怪化という部分もある。仕方無い側面も大きい。

に対して、こちらの力ではどうにもならない悪景として〝柱〟があげられると思う。

建築法のアレなのかなんなのか、ハコには「なんでそこに?」と演者の誰しもが思うほどでっかい柱がドーン!とホールにそびえ立っていることがとても多い。

『新宿ロフト』『渋谷La.mama』『渋谷DUO』等々、ホールにガッツリ柱があって観えにくいハコというのはいくらでもある。

中でも飛びきりの柱が鎮座ましましているハコと言えば、渋谷の『クアトロ』であろう。何せ「今度渋谷のクアトロでやるよ」と友人に言うなら「やる……」ぐらいあたりで例外なく全員が「あ、あの柱のとこね」と食いぎみに入ってくるほどだ。どころか「今度のライブさ、柱の……」「あ、渋谷クアトロね」わずか柱の一文字で会話が成立するハコと言えば宇田川町のクアトロだけであろうと思う。

宇田川町の交番の裏……と言ったら中華料理の『龍の髭』(現在閉店)とソープランドの『角海老』か。そこをもう少し歩いたビルの上に渋谷クアトロの入ったビルがある。昔はおしゃれな服を売る店が入るファッションビルだったのに、今は何フロアにもわたって『ブックオフ』となっている。ライブハウスのクアトロだけがなぜか残っているのだ。

詰めれば五百人のキャパ。柱が無かったらもう五十人は入れると思う。とにかくホール入って左側に『2001年宇宙の旅』のモノリスかよ！と叫びたくなるほどのでかい柱がそびえ立っていて、左側からの視界がすこぶる悪いのだ。

ステージからはもっとすごい。だから『2001年宇宙の旅』のモノリスかってのよっ！ともう一度叫びたくなるほどの柱がステージ上から見て右手にそびえ立っているのだ。

モノリス。バベルの塔。ゴールドライタン。イデオン。さまざまな呼び方があろうけど、ステージ右手側の演者にしてみれば、常に目前に巨大な柱を見ながら演奏することになるわけである。

ぬりかべ。

そう、観客にとっても演者にとっても、それこそが渋谷クアトロの柱を表現して最もしっくりくる言葉であると思う。

妖怪ぬりかべが常にそこにいるハコ。どう考えたって客にも演者にもやりにくいに決まっているのにもかかわらず、ビルがブックオフだらけになってさへぬりかべのハコは変わらず宇田川町にあり続けている。

しかも連日盛況だ。かく言う僕も今月（2016年10月）特撮でライブを行なうことになっている。

妖怪ぬりかべのハコが人気のライブハウスであり続ける理由は、実はその柱にこそあるのではないか、と思うこともある。

渋谷クアトロの柱の尋常でない存在感は、観客にとっても演者にとっても、ライブにおける大きな障害である。ただ稀に、生じた障害をどう回避するかによって、観客と演者の間に奇妙な一体感をもたらす場合がある。

渋谷クアトロの柱は、妖怪とさへ思える存在感によって、奇跡的にその役を担ってくれているのかもしれない。

逆に、不入りや失敗したときは「いや〜、まぁあそこ妖怪がいるもんな。妖怪のしわざだ仕方無い」と言い訳にも使えるしね。

SHIBUYA
CLUB QUATTRO

JR・私鉄・地下鉄渋谷駅ハチ公口から徒歩7分。渋谷区宇田川町32-13-4-5F ☎03・3477・8750 フリッパーズ・ギターなど"渋谷系"がホームグラウンドとしたことでも有名。

Vol.
24

どこかで誰かが待っている

The Live Spot

旭川『アーリータイムズ』

先日、自分史において大きな出来事があった。

良い方の出来事だ。十数年ぶりに飛行機に乗ったのだ。

僕は飛行機恐怖症で、落ちて死ぬのは別にいいんだけれど、閉鎖感が苦手。年々それが増していくので、十数年前についに乗るのをあきらめた。しかしもうじき五十歳に達する今となって、このまま飛行機移動を必要とする遠方で演奏する機会の無いまま、一生を終へるのかと思うと、なんだろう、さみしく感じるようになってきた。

どこかで誰かが、自分を待っていてくれるかもしれない。

いや、そんな人いないかもわからないけれど、待ってくれている人がいるという希望が胸に一つ有るか無いかで、人の生き方は相当に変わってくると思うのだ。

僕は、どこかで誰かが自分を待ってくれているると信じるお気楽な人種でいたい。お気楽な人種が飛行機くらい乗れないのは駄目でしょ、それ。

ちょうど今夏は北海道岩見沢で行なわれる「JOIN ALIVE」というロックフェスから声がかかっていた。思い切って行くことにした。

僕の恐怖症克服法は認知療法的な自己アプローチであった。

「一生閉じ込められるわけでは無い」「苦しんでも一時間ちょい」「むしろ飛行機に乗るのが好きな人もいる」といった当たり前のことを、それを理解するまで日々念じ続けるのだ。

当日はスタッフらと一緒に乗った。離陸の時はさすがにドキドキした。思わず隣席の男性スタッフの、甲にショーン・コネリーばりの剛毛の生えた手を、ぎゅうっと握りしめそうになったものだが、「そういうきっかけでそっちの方向へ目覚める輩もいる」との、認知療法的アプローチによって自制をかけてこらえた。

水平飛行に入った頃には落ち着いていた。十数年ぶりに見た雲海は美しかった。北海道の地が見えた時には思わず「翼よ！あれが北の大地だ」と叫びそうになった。着陸してしまへば、アレほど恐怖心を持っていた十数年がバカバカしくなるほどのお気軽なフライトであった。

そうして訪れた岩見沢の会場では、着くやいなやカラフルな服を着た高校生くらいの少女たちが僕を待ってくれていた。

「あれ～、今日は顔にヒビ入れてないんだ～」

「今着いたの～」

と、まるで親戚のおじさんに対するような軽い調子で話しかけて来た少女たちは、僕の前で横一線に並ぶと、せ～の「わたしたち～、○×△□#△×○、チームしゃちほこで～す」と挨拶をしてくれた。

その日、お互いのステージでちょっとしたコラボをすることになっていたアイドルグループの面々である。

面喰らいながら「え!? あ、更年期障害を乗り越えろ、四十九歳、大槻ケンヂです」と返したところ、一斉に「え～、お父さんと同じ歳《とし》くらいだぁ」と驚きの声があがった。

実際、彼女らのステージで僕は鉢巻き腹巻き鼻毛も書いたバカボン・パパのコスプレで彼女たちの「天才バカボン」のカバーに参加したものだ。恐怖を克服してついに到達した十数年ぶりの北の大地でまずやったことが「ボンボンバカボンバカボンボン」渾身《こんしん》のシャウトなのである。人生とはいいものだ。お父さんがんばるよ。

筋肉少女帯のステージにも参加してくれた彼女らと楽屋でしゃべっていると、おもむろにガッシと両肩をつかまれそのままギューギューともまれた。『何この80年代バブル業界人みたいないきなりのもみもみは？』ふりかえるとそれは'80もみもみではなくチームしゃちほこの少女の『お父さんがんばっちゃってお疲れでしょ〜、肩もんであげるよ〜』という表情の親孝行的もみもみなのであった。『ああ十数年の時の流れは俺をすっかりオヤジにしたんだなぁ』としみじみした。

しかし、メイクを落としバッグを背負って会場を出ようとした時だ。僕は背中にしっかり聞いたのだ。少女たちがコソコソッと「大槻さんって、なんか雰囲気おじいちゃんっぽくて可愛いね」と言ったのを。49歳の夏だから、元祖天才バカボンのパパだから。待ってくれていた少女たちに好々爺《こうこうや》と認知されて、「え〜本当!?」思いつつ、意外にソレうれしかったんだよね。これでいいのだ。

翌日は札幌の『くう』、翌々日は旭川の『アーリータイムズ』というハコで弾き語りのライブを行った。

くうも素敵な店だったがアーリータイムズには驚いた。

旭川の、周りに何も無い場所にポツンと、つげ義春の漫画のように古ぼけた喫茶店があった。

木製の扉を開けると店内に、吉田拓郎、井上陽水、ふきのとう、高田渡その他、昭和フォークの偉人たちのポスターやLPレコード、関連書籍やサインがギッシリと貼りめぐらされ、積み上げられていた。

フォーク記念館みたいなハコなのだ。

出演したミュージシャンたちの店内での写真も無数にあった。一昨年亡くなられた、筋少をプロデュースして下さったこともある佐久間正英さんが、早川義夫さんとニコニコ笑って写っている一枚もあった。

「今年も来るからっておっしゃっていて、待っていたんですけどね」

と、僕よりちょっと世代が上であるらしい長髪のマスターが佐久間さんを指差して残念そうに言った。

リハを終えて、開演まで旭川の駅あたりを散歩した。

旭川駅はリニューアルしたばかりのようできれいだった。駅前に大きな広場があり、短い夏を楽しむ人々のためにビアガーデンが造られていた。駅の反対側は、花が咲き、川が流れ、西陽がその花や川を黄金色に輝かせる公園になっていた。公園と言っても、見渡す限りそんなような風景だったから、自然がそこにあった、というべきなのだろうか。いいところだ
ビアガーデンで一杯やっていたら「本番三分前ですがどこにいますか」とスタッフからメールが来た。開演を三十分間違えていたのだ。あわててハコに戻り、ギブソンのJ50をかかえて歌い始めた。五十人ほどのキャパ。満員だった。二時間と少し歌った。

四方八方からポスターで、ジャケットで、フォークの諸先輩が見ている。北の国で誰かが待ってくれていた。南の国ではどうなんだろう。飛行機恐怖症によって失われた十数年を取り戻したいのだ。さまざまな街を、道を、僕はこれから散歩してみたい。

アーリータイムズ

函館本線旭川駅から徒歩10分。17時～翌1時、不定休。旭川市二条3丁目左1　☎0166・22・2461
加川良など大御所フォークミュージシャンも出演する。

Vol.
25

神保町から夢のドライブ

The Live Spot

名古屋『Live DOXY』

名古屋栄のライブレストラン『DOXY』へ、万歩計を持って出かけた。

ギターはスタッフが東京から車で運んでくれた。ギブソンのJ50とB25、マーティンのM36の三本だ。二本のギブソンはかつて神保町で購入した。マーティンは隣町の御茶ノ水で。

御茶ノ水橋口を降りたら左へ曲がり、神保町へと向かう道には十数軒の楽器屋が並んでいる。『クロサワ楽器』、『下倉楽器』といった大手から、個人営業らしい小さな店まで。楽器好きならいくら時間があっても足りない町並みである。古書好きでもあったら神保町へ流れ、古本を探してまた散歩を始めるといい。そうしたらもう永遠にこの町から逃れることができないだろう。

僕はかつて古本好きの少年であったから、神保町へは古書探しによく来ていた。でも、ロックバンドをやりながら、楽器がまるで弾けなかったので、楽器店は素通りしていた。

それが四十代の後半になって、ふっ、とアコースティックギターの魅力に取りつかれてしまったのだ。音色、抱きごこち、マホガニーやメイプルといった木の匂い、その全てが、年齢と共に失われつつあるエネルギー、可能性への夢想、そしてリビドーまでを補完してくれる人生後半へのアイテム、と、大げさにいえばそれくらいの出会いに思えた。

もしかしたらそれはゴルフクラブでも登山の道具でも、そば打ちの棒でもなんでもよかったのかもしれない。たまたまロックをやっていたので、ギターを、人生半ばを過ぎて以降のトモダチ、と僕のインサイドヘッドの誰かが認識したのだろうか。

四十代半ばに神保町でギブソンを買って、五十代以降の夢が出来た。中学生の抱くような、細部をな〜にも考えていない、中年の夢だ。

それは、いつかギターを車に二台乗せて、日本の最北端のハコから最南端のハコまで、一人きりで、弾き語りの気ままな旅をしてみたい……と書いてみたら、何やら70年代の中村雅俊の学園青春ドラマで若き日の穂積ぺぺあたりがつぶやきそうなフレーズになってしまってやっぱり赤面な感じなんだが、いいじゃないか49歳の夢だから、冷たい目で見ないで（©元祖天才バカボンのパパ）。

夢のくせに、職業柄実現不可能でもなくはないところが困ったポイントだ。酒の席で酔っ払ってこの夢について語ったところ、後日、友人が万歩計をプレゼントしてくれた。

「日本中旅をしてまわるなら、こういうのあると何かと便利でしょ？」

もしかしたら彼は、僕の夢をお遍路さんか何かと勘違いしたのかもしれない。でも、お気遣いありがとう。もらっておいた。

万歩計よりも重要なのはギター二本乗せるための車である。僕は十年近くペーパードライバーであった。でも、五十歳が近づいている最近、夢の実現のために車のディーラーを訪ね歩いているところだ。

で、わずか十年でこれほど自動車のテクノロジーは進歩するものなのかと驚いている。自動ブレーキどころか自動縦列駐車アシストとか自動車間計測システムとか、走行が続くと「そろそろ、お休み下さい」自動車がしゃべるシステム（このシステムは僕はいらないと思った）とか、キーもノンタッチキーといって、ポケットにいれておけば車が感知して自動でロックを解除する。キーを車に差し込むところはパネルにあるものの、そこはキーホールに過ぎず、エンジン起動はボタン押すだけ。え～、今の車ってこんなんなんだ？

「そうです、もっと最新の機能がございますよ。大槻さん、ぜひ試乗されてみて下さい。これがそのノンタッチキーです。どうぞ。私が助手席に乗りますので」

　と、ディーラーさんにうながされ、ノンタッチキーを渡された。言われるままそこらを走らせてもらったのである。車のトランクには、「入るか確認させて下さい」と言って手持ちで運んできたギブソンが二本入っている。

「そうですか大槻さん、夢があっていいですねぇ。私、名古屋なんですが、名古屋ですとどんなコンサート会場があるんですか？」

「え？ハコですか？バンドなら栄の『クアトロ』とか今池の『ボトムライン』なんかですけど、弾き語りなら今池の『TOKUZO』、あと栄のレストランの『DOXY』なんてとこですね」

「レストランで歌うんですか？」

「ええ、丸テーブルが十ぐらい置かれたジャズがかかるレストランなんですけど、グランドピアノもあって、ギター弾き語りを一人でやるのもいいムードなんですよ」


「栄のどのあたりですか？」

「宗次ホールってあるでしょ？クラシックのハコ。その裏の雑居ビルが並んでるごちゃごちゃしてるあたりです。『タイトロープ』ってパンク系のハコもそのあたりですね」

「そうですか、じゃあ栄のライブレストランまで、この車で行ったらいいじゃないですか」

「いやあ、何せ十年くらい乗ってなかったんで、高速もおっかないなぁ」

「大丈夫ですよ。高速時における前車追従システムがございます。前の車にピッタリくっついていけばすぐに行けま……いや、あ〜、ダメだあっ！」

　突然「ダメだあっ！」とディーラーさんに言われて思わず道路を逆走でもしてるかなオレ？と焦ったところ、ディーラーさんがパネルを指差して「あ〜これ、あの」と目を丸くしながら困惑しているのである。

脇見運転をする余裕がないので「え？何ですか？」尋ねるとディーラーさんはキーホールからノンタッチキーをガッと抜いて「ん？他社のキーでさえないな」と言った。ちょうど信号が赤になった。停車して助手席を見たら、そこにはキーホールから引っこぬいた〝それ〟を手に不思議そうな表情を浮かべているディーラーさんの顔があった。僕は言った。

「あ、すいません、それ、僕の万歩計です」

僕はノンタッチキーと間違えてポケットにあった万歩計をキーホールに差し込んでいたのである。

DOXYには新幹線で行った。ライブを含めてその日の歩数は二五一二であった。夢まであと何歩？

Live DOXY

地下鉄東山線・名城線栄駅12番出口から徒歩5分。18時（ライブにより異なる）〜22時30分LO、ライブ開催時のみ営業。名古屋市中区栄4-5-22 -B1 ☎052・242・1227 チョリソー&モッツァレラピザ1500円、スーパードライ樽生750円。

Vol. 26

夏フェスは終わり秋が来る……

The Live Spot

青森
『夏の魔物』
ヴァーリトゥードステージ

夏フェスのライブは野外のオープンステージで行なわれるのが基本だ。だから当連載の「ハコをめぐるROCKな冒険」というテーマには現密に言えば該当しない。ただ、ステージによっては屋内の場合もあるし、野外ステージにも演者側には屋根がある。そこで、半ハコと考えるなら、「ハコをめぐる〜」に加えてもいいのではないかと思うのだ。

今年もいくつかの夏フェスに参加してきた。

青森では「夏の魔物」というフェスに出演した。夏の魔物は約十年前に、青森のバンドマンの一青年が始めたイベントだ。スキー場に複数のステージが組まれて行なわれる。他のフェスが大手イベンター、スポンサーの企業力によって運営されるのに対し、一人の青年を中心に行なわれるこちらは当然のごとくトラブル、ハプニングの連続だ。逆にそこが面白がられて出演者がむしろ年々増えているという不思議な傾向にある。規制の厳しい大規模他フェス群へのアンチテーゼとして機能しているのかもしれない。

しかし、それにしても夏の魔物はハチャメチャだ。

一昨年の僕は、本番出演十分前に突然スタッフから「ちょっと出るの待って下さい」と止められた。「待って下さい。大槻さんの前に、お客さんに挨拶をする人がいまして」そんな話全然聞いていない。急遽《きゅうきょ》決まったとのこと。「え?誰?」尋ねると彼はキッパリと言った。「藤岡弘、さんです」振り返ると確かにあの藤岡弘、さんがいらっしゃって「んむっふふ〜」とあの説得力の有り過ぎな顔でほほ笑んでおられた。長いことロックをやっているが、本番直前に藤岡弘、さんの飛び入りでステージインを止められたのは夏の魔物が初めてだ。もちろん以後もそれは無い。

藤岡弘、さんは極端に過ぎるとは言え、夏の魔物は出演者のジャンルも幅広い。楽屋エリアはテントが十個ほど並んだ広場だ。一昨年はその一つの前で中川翔子さんが困った顔でぽつんと立っていた。「テントが川越シェフと二人きりで、気まずくて……」とのことであった。

その年はビッグ・ダディも出演していて、プロレスに参加していた。プロレスも行なわれる夏の魔物にはプロレスラーも多数登場する。半裸の彼らが、やはり多数出演するアイドルたちと帆立の網焼きなどを楽屋エリアで一緒に食べている光景も、なかなかにシュールだ。

僕も一つ食べようと、焼いているお兄ちゃんに焼き具合を尋ねると「う〜ん、わかんない」「え?」「あ、いやオレ、出演者なんすよ。帆立食いに来たら焼いてたオヤジに『後はまかせた』って言われちゃって」オヤジはそれきり帰ってこず、かれこれ一時間も出演ミュージシャンが〝帆立番〟をしていたのだ。

ライブ自体もハチャメチャだ。今年は二名のミュージシャンが舞台で男の局部を露出した。アングラパンク出身の僕としても『ならば俺も!』いきごんだものの、その日たまたま「熊出没注意」のトランクスをはいていたために『脱ぐのはいい。だがその過程で熊出没注意はいかがなものか』と抑えた。脱いだのは野郎達だけではなかった。フェスエンディングで多数の出演者がステージに登り大騒ぎをしている中で、振り返ると上半身丸裸、おっぱい丸出しの女の子がニコニコ笑いながらダダダッと走って来てその場にいた全員の目がギョッと丸くなった。おっぱい丸出しの女の子はそのまま客席へダイブしていった。隣にいた男性ミュージシャンが感に堪えないといった表情で「や～……おっぱいってやっぱいいっスね～」とつぶやいた。そして客の海へ身を投じたおっぱいの彼女も、この日の出演者の一人なのだから驚きである。

僕のライブ自体も結構なものであった。おそらくスキー用の何か小屋を改造して造ったと思われる〝ヴァーリトゥードステージ〟に僕は弾き語りで出演した。三上寛さんの後に登場し、ギターを弾いたところ、当然！と言わんばかりにギターの音が出なかった。『……魔物だものしょうがない』ギターを置き、僕はアカペラで歌い始めた。曲は「踊るダメ人間」大合唱となり盛り上がった。ヴァーリトゥードとは格闘技の用語で〝ノールール、なんでもあり〟の意である。

夏の魔物以外に、千葉県袖ケ浦海浜公園では「氣志團万博」にも参加してきた。

こちらは和田アキ子さんや華原朋美さんも出演の大型フェスである。ステージも巨大だ。デコトラ風の装飾が施され、陽の光りを浴びてキラキラと輝いていた。夜になると海からの風が吹き肌に心地よかった。ヘッドライナーの聖飢魔Ⅱが氣志團とももいろクローバーZを呼び込み、セッションを行なった。全員がデーモン閣下のようなメイクに、悪魔風のド派手な衣装に身を包んでいる。この中に僕も参加することになっていた。だが彼らのいで立ちを見て『こりゃかなわん』と思った僕は、筋肉少女帯の衣装を脱ぎすて、ジーパンにTシャツの普段着に着替えた。むしろこの姿の方が浮くことによって存在感が出て埋もれない、との作戦であったのだ。Tシャツのプリントはピョン吉である。悪魔群VSピョン吉。デーモン軍団VSヒロシ。

どちらが目立ったかはわからないが、全員でステージから見上げた打ち上げ花火は夏の終わりにとても美しかった。

氣志團万博の翌日、富津へ寄った。

僕には数年前まで二つ違いの兄がいた。兄は富津の海でウィンドサーフィンの事故によって亡くなった。僕は兄と気が合わず、中学生からは口もきかなくなった。今でも法事以外で墓参りに行ったことが無い。ただ、富津が袖ケ浦の近くだと氣志團万博の資料を見て気付いた時、『……行ってみようかな』ふと思ったのだ。

行ってみると富津の海は何も無かった。波もおだやかで、なんでこんなところで。死の意味がわからない。ウィンドサーファーが何人かいた。何か声をかけたかったが何を言ったものかわからず、十五分ほどボーッとして、海辺を離れた。

帰りのアクアラインで大渋滞に巻きこまれた。ぼんやり夏の魔物のことなど思い出して時をつぶした。魔物の楽屋裏で、何があったのかペタンとしゃがみこんで一人泣いているアイドルの少女がいた。何か声をかけたかったが何を言ったものかわからず見ていると、少女は、やがて拳でグッと涙をぬぐい、スックと立ち上がり、タタッと走って去っていった。そんな風景を、思い出していた。

夏の魔物

青森県平内町の夜越スキー場で毎年行われる。2016年度では、吉田豪、久保ミツロウ・能町みね子も出演するなど、ノンジャンルなラインナップ。

Vol.
27

新木場に来たるべき世界

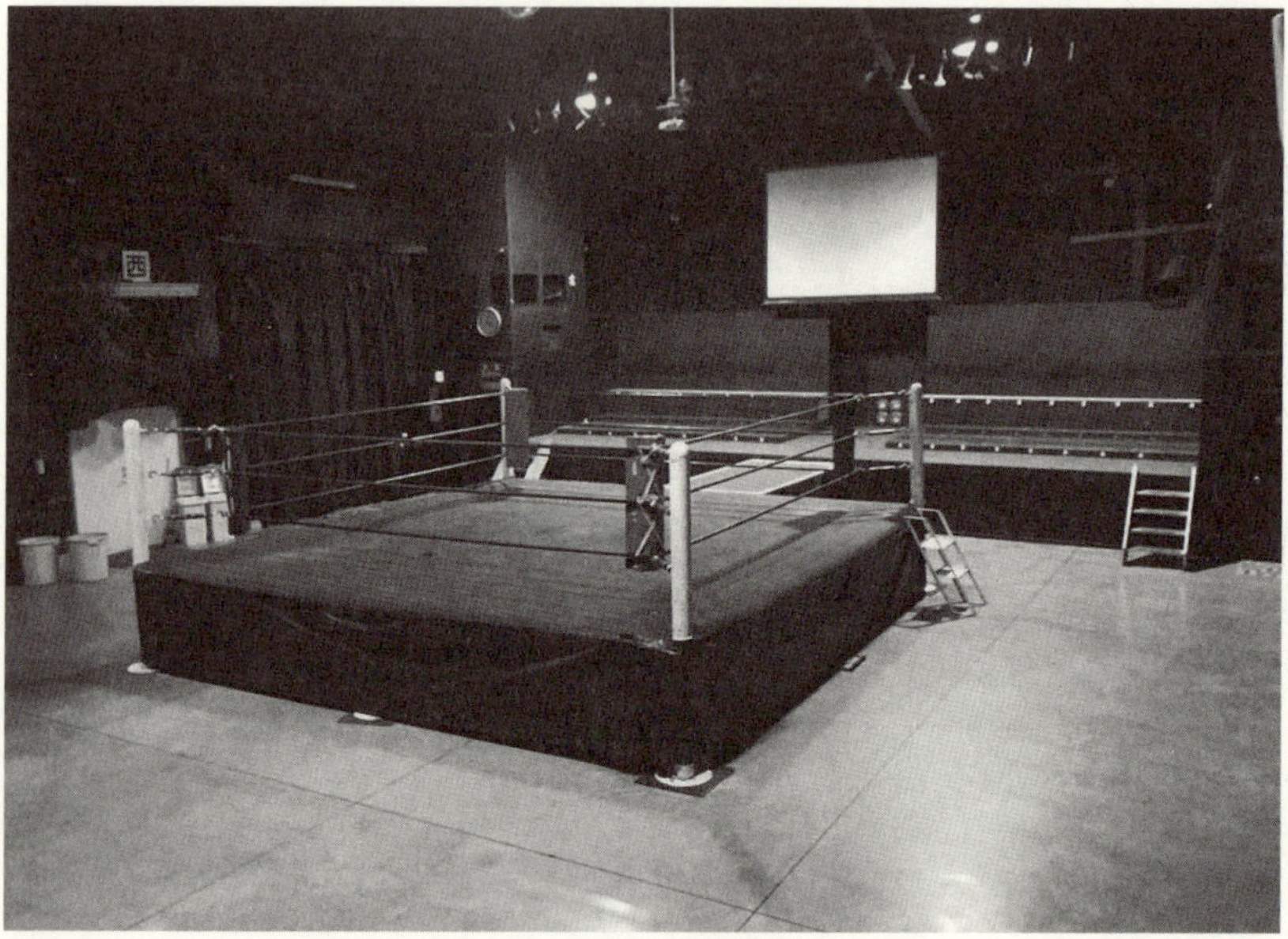

The Live Spot

『新木場Studio Coast』
『新木場1stRING』

先日、新木場へ行ってきた。

新木場には『Studio Coast』というハコがある。二千四百二人収容の、ライブハウスとしては大バコだ。よほど勢いに乗っているバンドでなければワンマンを切るのは難しい。僕も対バンでしか出演したことがない。「Versilles」というV系のバンドとやったことがあった。そのバンドの、筋少が大好きだと言ってくれたベーシストの若者は、2009年に亡くなってしまった。残念である。

さて、Coastにライブでも観に行ったのかといえば違う。新木場へ女子プロを観に行ったのである。

新木場には『新木場1st RING』というプロレスのハコもあるのだ。新木場駅を降りて左へ、数十メートル歩くと材木屋さんが並び、そのあたりをヒョイッと曲がるといきなりプロレス会場が現れる。初めて行った人は「え？ ここに!?」と大概ぎょっとする。二百八十四人収容の小バコだ。音楽イベントに使用されることもある。だから広義の意味でのライブハウスとも呼べる。Coastと違って、小・中規模の団体が興行を打つのにちょうどいいサイズのハコだ。

どの位置から観てもリングが目前にある。リング下から試合を見守る選手たちの様子も間近に観ることができる。僕は試合はもちろんのこと、リング下でかけずりまわって試合をアシストする女子選手たちを見ているのも結構好きだ。彼女ら何人かはまだ少女と呼んでいいくらいの若手だ。真剣な眼差しでリング上の先輩の一挙一動を見つめている。場外乱闘となれば小さな体でお客を四方に追いやり、トップロープから場外へのダイブがあればすっ飛んでいってその体を受け止めに行く。それで後頭部をフロアに痛打してもスックと立ち上がり、また走り回る。『……けなげだなぁ』と、大人になるとプロレスを観に行って試合ではなくそんなところを観るようになるのだ、新木場まで行って。

女子に限らずリング下の若手の動きは面白い。

これはプロレス雑誌のインタビューで読んだ話しだが……某男子団体の若手にいわゆる天然キャラのレスラーがいた。試合の直後にリング上から先輩レスラーが「(チャンピオン)ベルト持ってこい」と指示された彼は、「はい!」と勢いよく控室に走っていった。だが戻ってきた天然君のその手には、ベルトではなく弁当が握られていたのだそうな。リング下から必死の形相で弁当を差し出す天然君を、先輩レスラーは無視することに必死だったそうである。

また、この天然君はその団体で、プロレスの神様カール・ゴッチに「選手みんなでクリスマスカードを送ろう」となった時、「ハローー! ゴッチさん」と書くつもりであったのだろうがこともあろうに「Hell! Gotch!」と書いた。「ゴ、ゴッチさんを地獄に送るな!」と先輩にドヤされたとのこと。僕はこの二つのエピソードが大好きで、何かつらいことがあった時は思い出して「もう少し生きてみよう」くらいには癒やされる。

新木場の小さなプロレスのハコの周りは閑散としている。でも散歩してみると意外に面白い。『1st RING』のある道の一本向こうの道には、整備工場なのか古びたスーパーカーがズラリと並んでいて異様な光景だ。その日はカウンタックなどが置いてあった。材木屋町にプロレスとスーパーカーだ。

駅の反対側には夢の島公園が広がっている。

ここで、今夏は「WORLD HAPPINESS」というフェスに筋肉少女帯で出演した。

YMOの高橋幸宏さんが中心となったイベ

ントだ。幸宏さん始め、野宮真貴さん、カジヒデキさんといった、オシャレ系なアーティストが集結するイベントに、なぜメタルな筋少をお招きいただいたのかその理由が謎であった。もしかしたら30年以上前の「テクノライディーン事件」の詫びを入れに来い、との幸宏さんからの召集ではないかとも思いビクビクしたものだ。

三十数年前、僕がまだ若者で空手バカボンというバンドをやっていた頃、YMOの名曲「RYDEEN」に「テ〜ク〜ノ〜テクノ〜ライディ〜ン〜」とバカな歌詞を勝手に乗せて歌い、あまつさえその音源をレコード化したという信じがたい愚行を犯したことがあった。それダメじゃないかと自分でも思う。ただし、当時のインディーズは法的契約とか皆無であったのでお金は一切もうけてはいない。本当に若者のただのアホな悪ふざけであったのだ。

ところが時が過ぎ空手バカボンのCD化再発の話しが持ち上がった。今度はちゃんとしたレーベルの人が、収録許可を取るべく間に入ってくれた。しかし「RYDEEN」の作曲者である幸宏さんから回答は無かった。怒ってらっしゃるのでは？

むしろ藪蛇《やぶへび》なことをしたのではないかとずっと僕はビクビクしていたのだ。そこへ来てのフェス召集である。一体どんな顔をして御挨拶に行ったらよいものか。いっそ開き直って「ハロー！幸宏さん」とフレンドリーにしてみようか？いやついつい緊張して「Hell！幸宏」なんて言ってしまった日には「幸宏さんを地獄に送るなっ」とカジヒデキさんあたりにドヤされそうではないか。どうしよう……ん？でもこれもしかしたら、アレだ、この異色に過ぎる召集は、逆に「テクノライディーン」やってみせろ、との幸宏さんからのフリなんではないだろうか？

いやそんなはずは、う~んでもそうかも……悩みに悩んだ末、フェス当日、結局、演奏したのである。筋肉少女帯で「テクノライディーン」を。そうしたら、ちょっと信じられないくらいお客さんが盛り上がった。

楽屋に戻ると幸宏さんが、ニヤッと笑って下さった。よかった。うれしかった。

「テクノライディーン」には実は当時、勝手にタイトルまで空手バカボンは付けていた。「来たるべき世界」という。こんなHAPPINESSなWORLDが来るだなんて三十数年前、夢にも思わなかった。しかも新木場に。

新木場 Studio Coast

JR京葉線・りんかい線新木場駅から徒歩5分。江東区新木場2-2-10　☎03・5534・2525　ライブ会場としてはもちろん、「ageha」などのクラブイベントなどにも使われる。

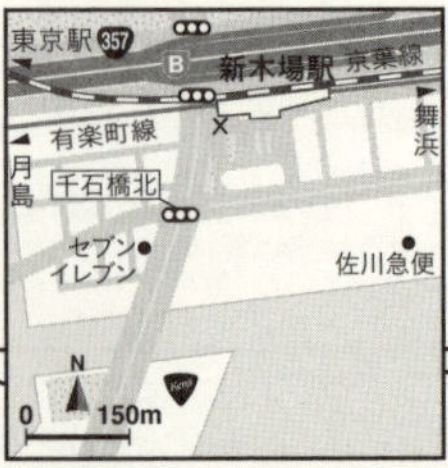

新木場 1stRING

新木場駅から徒歩2分。江東区新木場1-6-24　☎03・3521・1015　コンサートなどにも使用されるが、リングは常設されたままの面白いハコ。

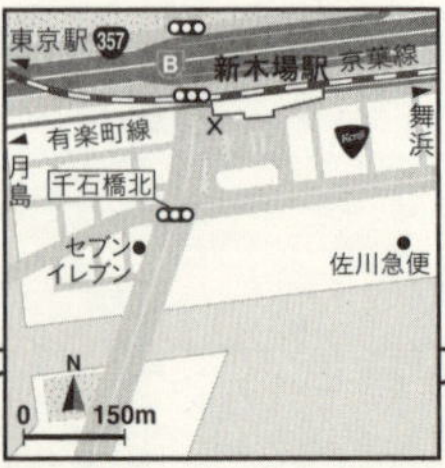

Vol.
28

大宮の道化師と番傘のキス

The Live Spot

『大宮フリークス』
『日比谷野外大音楽堂』
『渋谷La.mama』

大宮にはかつて『大宮フリークス』というハコがあった。

　二十歳くらいの頃に筋肉少女帯で何度か出演した。古い話だ。店のキャパも楽屋もさっぱり覚えていない。南銀座通りだったか？　商店街の真ん中の雑居ビル内にあった。外観も忘れてしまった。ただ一つ、今でもたまに思い出すのは、その商店街の入り口に、プラカードを持ったピエロがよく立っていた風景だ。道化の派手な服を着て、広告人の彼はボンヤリと立っていた。顔は白くぬられていても、ドーラン越しに、彼が初老と呼ぶべき年齢だとわかった……もしかしたら今の僕より全然若かったのかもしれないが。一番印象的だったのは彼の非日常的なたたずまいを、行き交う大宮の人達の誰も一目もくれないところだった。きっと彼がいつもそこにいるので、むしろ日常の風景として在ったからなのだろうけれど、部外者の若者にしてみれば、商店街の道化師を不思議と思わない人々の日常の風景と、その中でひねもす立っている道化師の日常こそが、不思議なものに見えてならなかったのだ。幻想的で、信じられない景色とさえ感じた。

　幻想的で、信じられない景色と言えば、『さいたまスーパーアリーナ』のステージから見たお客さん達の振る無数のサイリウム、その光の海の美しさについて以前書いたかと思う。

　それは僕が「大槻ケンヂと絶望少女達」という、女性声優さん達とのコラボユニットでアニメソングのフェスに出演した時のことだ。このユニットはアニメ「さよなら絶望先生」に関連する歌を演奏するために組まれたものだった。

　「大槻ケンヂと絶望少女達」はさいたま以外に、『恵比寿LIQUIDROOM』や『日比谷野外大音楽堂』にも出演した。

　野音には二回。その内の一回は「さよなら

絶望先生」のイベントだった。他の時には出演しなかった声優さんも多数登場して盛り上がった。野外のハコで振られる無数のサイリウムは、さえぎるものの上空に何も無い夜の中でキラキラと、ひときわ幻想的で美しかった。ステージではミニの和服を着た女性声優が数人、開いた番傘をクルクル回しながら踊ってみせた。

イベントの打ち上げでその内の一人が「ロックの人ってとっても荒くれているのだと思ってたんですけど、そんなことないんですねぇ」ニコニコと話しかけてきた。「え!? そういうイメージですか」とか驚きながら、一目で『ああ、実力派だけど、可愛気《かわい》があって、周りの皆から愛されているタイプの人だな』とわかる彼女と、他愛《たあい》無い話しで楽しく飲んだものだ。

ユニット休止後も、彼女の芝居やライブを観に行った。彼女も筋肉少女帯や特撮を観に来てくれた。その後、彼女が体調を崩したと聞き、大丈夫かなと心配していた。残念ながら、今年（2015年）11月に彼女、松来未祐さんはまだ若くして亡くなってしまった。

信じられない。

訃報を聞いたのはちょうど僕が、七人組の男性声優グループに歌詞を書いた直後だった。彼らが出演するであろうアニソンイベントの、サイリウムの光の海を想像して、その光が永遠に続くことを願うという内容だった。

訃報を聞いて、ふと調べたところ、あの時の野音に「絶望少女達」として出演した女性声優の数は、松来未祐さんを含めて七人だった。シンクロニシティなんて大げさなことはいわないが、くしくも哀悼の意を捧げたのかもしれない。しかし、信じられない夭折《ようせつ》だ。

このところ人の死が当連載に度々出るようになってきた気がするので、話を変えよう。

信じられない、から続けるならば、ハコで

時に「信じられない！」としか言いようの無い光景に出喰わすことがある。

僕がまだ十代の頃、『渋谷La.mama』というハコで、バックドロップで対バンをぶん投げて登場するバンドを目撃したことがある。パンク＆ニューウエーブ大集合みたいなライブの出来事であった。

あるバンドが最後の曲を演奏した直後だった。彼らが「またな！」みたいなことを言うか言わないかの一瞬に、ダダダッ！　と花道を駆けて来た複数の若者がステージに雪崩れ込み、それぞれが舞台上のミュージシャンの腰に腕を回したのだ。そして、一気にプロレスでいうバックドロップでもって一斉に後方へ放り投げたのだ。さらに、アワアワしている（そりゃそうだ）ミュージシャンたちをそのままに、バックドロップ軍団は演奏を始めた。なんと彼らは次の出番のパンクバンドだった。それどんな転換!?　信じられないものを見た。

信じられないけど俺それ本当に見たんだよ！　と、長いこと人にこの事を話してきたのだけれど、四十年も昔の事だ。最近になってふと『いやアレは夢だったんじゃないのか？幻想かなんかだったんじゃないのか？』と思うようにもなって来た。だって、あまりに信じられない光景だもの。前のバンドと次のバンドが転換時にもめたくらいの事を、長い年月が経つ内に脳が面白く修正して〝バックドロップで放り投げた〟に改竄《かいざん》したのではなかろうか？

ところが、だ。最近読んだインタビュー集『日本パンクロッカー列伝』に、僕と同じ歳《とし》のパンクロッカーの方が十代の頃、ライブで「人投げ大会」なるものを行っていたとの記述を見つけた。

何でも「客席からステージに向かって誰が一番遠くまで人を投げれるか」メンバーで競争していたのだそうだ。「客席に下りて行って四の字固めかけたり」もライブ中に行っていたそうで、あ！　彼らこそがバックドロップ軍団ではないのか⁉　であるなら、脳内修正ではなかったのだ。記憶は現実の光景であったのだ。ならばなるほど、ロックの人ってとっても荒くれている。

脳内修正と言えば……日比谷の野音に話しは戻る。

あの日、クルクル回す番傘の中で、出演声優の井上麻里奈さんは、女子同士の戯れなのであろう、松来未祐さんと、こっそりキスを交した、と松来さん追悼のツイートに井上さん本人が書いている。

僕はどうにも、その光景を見たような気がしてならないのだ。でも、僕の脳がいいように記憶を修正しているだけなのだと自分でもよくわかってはいる。

渋谷La.mama

JR・私鉄・地下鉄渋谷駅西口から徒歩5分。渋谷区道玄坂1-15-3-B1　☎03・3464・0801　ライブのみならず、演劇やコントなども催される。

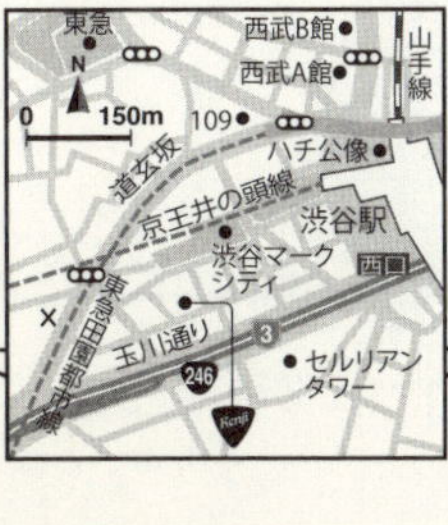

日比谷野外大音楽堂

地下鉄霞ケ関駅B2出口、地下鉄日比谷駅A14出口から徒歩3分。千代田区日比谷公園1-5　☎03・3591・6388　尾崎豊がステージから飛び降り、骨折したことでも有名。

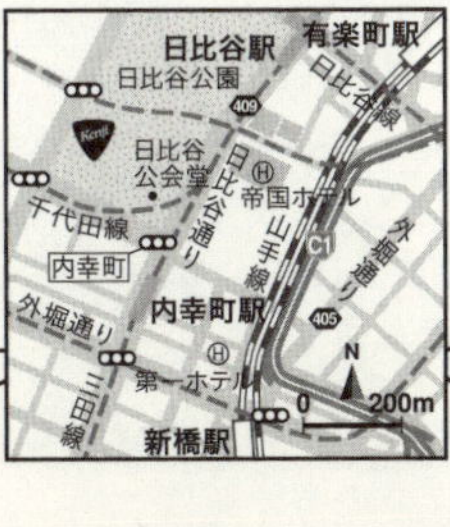

大宮フリークス

大宮駅東口からすぐ、髙島屋の裏手あたりにあった。エレファントカシマシやTHE YELLOW MONKEYなどが数多くライブをやったことで知られる。

Vol. 19

2015年4月号「OSAKA MUSE」

イラストコレクション

Twitterで一番反響が大きかった挿絵が、Vol.21の内田君登場でした。この連載に限らず、ウッチーを描くといつもそうなります。このあとの回は全部ウッチーを出そうかとすら思いました。

Vol. 21

2015年6月号「いつかはマイハコ〜『TALK LIVE BAR HOURZ ROOM』」

Vol.
23

2015年8月
「SHIBUYA CLUB QUATTRO」

『散歩の達人』連載時　喜国雅彦

Vol.
24

2015年9月
「旭川『アーリータイムズ』」

Vol.
29

天候自己ポエムの夜

The Live Spot

『晴れたら空に豆まいて』
『月見ル君想フ』
『DRUM Be-1』

っぱらビール、焼酎派だ。

　日本酒というのをほとんど飲まない。だけど、『晴れたら空に豆まいて』という奇妙な名のハコでライブをした時は『ああ、ここで人の演奏を見ながらクイっと人肌のポン酒を飲んだらさぞ心地よいだろうな』と思ったものだ。

　略して「晴豆」と呼ばれるこの代官山のハコの特徴は、客席が畳敷きであるところだ。東京で最もおシャレな町にライブを見に来た人々は皆クツを脱ぎ、まるで宴席のように、ステージに向かって座ることとなる。まったくそれは、一升瓶のよく似合う風景だ。

　先日、エンケンこと遠藤賢司さんと「晴豆」でライブをやってきた。終演後、客席に下りると、御年六十九のエンケンさんは、スタッフや友人達と、車座になってカレーライスを召し上がっていた。カレーに畳もまた似合う気がする。カレーと日本酒が合うかはわからないが。結局ビールだけで酩酊してしまった僕は、「晴豆」で日本酒を飲むに至らなかった。

　それにしても気になるのは「晴れたら空に豆まいて」という店名だ。

　それこそ日本酒の銘柄みたいなネーミングではないか。ちなみに代官山からさほど遠くない青山には『月見ル君想フ』という、これまた奇妙な名前のハコがある。系列なのだろうか？　こちらの日本酒銘柄的なハコのフロアは畳敷きではないが。

　「晴豆」「月見ル」でライブをやる度に『う〜ん、この独特なネーミングのセンス、なんか覚えがあるんだよなぁ』と思っていた。日本酒の銘柄以外で「晴豆」「月見ル」みたいな言葉のセレクションを僕はかつて見た、あるいは聞いた、記憶があるのだ。でもそれが何なのかどうしても思い出せない。なんだろう？　いつだろう？　どこでの記憶だろう？

　ずっと気になっていたのだが、先日十年ぶ

りくらいに博多に行った時に「あっ」とそれを思い出した。「NO GOD」というバンドのゲストとして、親富孝通りのライブハウス『DRUM Be-1』に出演したのだ。リハの後、本番まで時間があったので、周辺を散歩してみることにした。ハコを出るとすぐ横は飲み屋であった。その店の外装の至るところにメニューやら何やら文字が書いてあった。その中に「晴れたり曇ったり」という、日本酒の銘柄のような言葉があった。それを見た時に「あっ」と思い出したのだ。

時々、飲み屋の、通りに面した壁に、日本酒の銘柄のような言葉がズラリと書いているのを見るがこれはなんだろうか？　それこそ「晴れたら空に豆まいて」や「月見ル君想フ」とか「晴れたり曇ったり」などと、気象予報士が唐突にポエムしてしまったかの「はぁ、で?」としかリアクションしようのない天候と自己についての独白めいた言葉が並んでいる。

この、飲み屋の壁面に天候自己ポエムを並べ始めたのは、おそらく博多が最初であったと僕は思うのだ。

なぜなら約三十年前、筋肉少女帯で全国ツアーを行った時に、博多を訪れた僕は、他の土地では見ることの無かった飲み屋壁面天候自己ポエムを多数の居酒屋で初めて目撃し、その博多固有の文化に驚いたことがあったからだ。

その後、アッという間に飲み屋壁面天候自己ポエムは全国の飲食店街に広がっていった。おそらくは、博多で天候自己ポエムを始めた店が、全国に進出したことがきっかけなのではないか。それが目新しくて、他店がマネを始めて広まったということだと思う。

ところが時が経ち、天候自己ポエムのムーブメントは徐々に縮小していった。それでもまだ、このコピーセンスを受け継ぐ店もあって、酔客はトイレの壁などにその名残を見ては、「お、この店まだ晴れたり曇ったりとか言ってんだぁ、いいじゃん、ブレてないよ」と、天候自己ポエムが大流行した一時期を思い出してホッコリするわけだ。

なるほど謎が解けた。「晴豆」「月見ル」は、博多発居酒屋天候自己ポエムを今もなお都内……しかも代官山、青山に残すという、ある意味貴重な、文化保護の役割を担う店名であるのだ。多分。

なるほどそうかそうであったか、と一人親富孝通りを散歩しながら感心しつつ、腹が減ったので僕は通りの端にあるインド料理屋に入った。

ここは僕が約三十年前に、ツアーで初めて博多に来た時、超激辛カレーを食べて熱を出して寝込んだという思い出の店だ。

「わ！まだあったんだ」驚いて思わず入った。今日は寝込むまいと、約三十年前の半分の辛さのカレーを注文した。キーマカレー。一口食べた瞬間、驚いた。味覚とは記憶の扉だ。ピリリとした辛さと共に、バーンとその扉が開いて、僕はハッ！と思い出したのだ。居酒屋の壁文字以外の、約三十年前の天候自己ポエムにまつわる激辛な思い出を……。

当時、地方のハコ周りには、自称イベンター、自称地元ミュージシャン、自称地元の先輩……みたいな、言ってしまえば業界ゴロ的な輩《やから》が沢山いた。東京から来た若いバンドマンを見つけるや「世話してやるよ」と言って、その土地の怪しいスポットに連れて行ってくれたものだ。その中に「大槻君、いい女の子がいる店があるんだよ」と誘う自称地元の顔利きがいた。

「何せ女の子が選び放題さ。いい子を選んだら、その女が目の前でハレンチダンスを踊ってくれるのさ」ハレンチダンス?? なんだかわからないが連れていかれてしまった。薄暗い店の、そのまた奥の間に僕は一人通された。

そしてパイプ椅子に座らされた。しばしポツンと待っていると……何だろう……白鯨によく似た（としか形容の仕方がわからない）シュミーズ姿の若くはない女の人がドスドスッと部屋に入って来て、僕のヒザにどっかとまたがって座ったのだ。

目前に彼女の顔。

その顔をやや横に向け目はあらぬ方へ向けていた。氷のような無表情だった。この女性を気に入ればハレンチダンスを踊ってくれるというのか？　一つもそれうれしくはない。って言うかまず重いし。とりあえずどいてはもらえないだろうか？　何か声をかけるべきだろうか？　わからない。思わず僕は尋ねた。

「……あの、こういう時、何しゃべったらいいもんですかね？」

するとはん!?　と、なぜかブチ切れたかの反応でもって彼女は僕を一瞥《いちべつ》した。そして

逆に聞いて来たのだ。

「何しゃべればいいって？　はん!?　そうね……天気がいいとか悪いとか？」

天候自己ポエム！　結局ハレンチダンスは無かった。ああ、月見ル君想フ。

DRUM Be-1

地下鉄空港線天神駅1番出口から徒歩5分。福岡市中央区舞鶴1-8-29　☎092・737・5300　『DRUM LOGOS』『DRUM SON』など系列店多数。

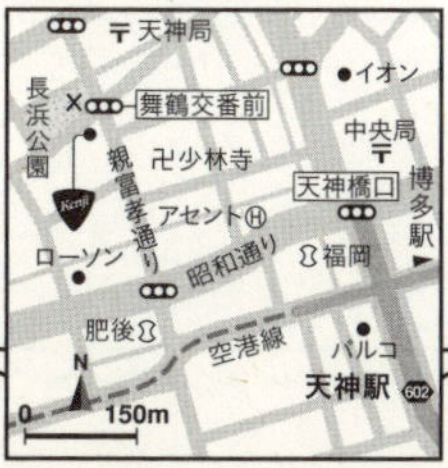

月見ル君想フ

地下鉄銀座線外苑前駅1a出口から徒歩10分。港区南青山4-9-1-B1　☎03・5474・8115　台湾にも店舗があり、アジア料理や台湾ビールも用意される。

晴れたら空に豆まいて

東急東横線代官山駅正面口から徒歩2分。渋谷区代官山町20-20-B2　☎03・5456・8880　落語や演劇なども催され、全面畳敷きにすることもできる。

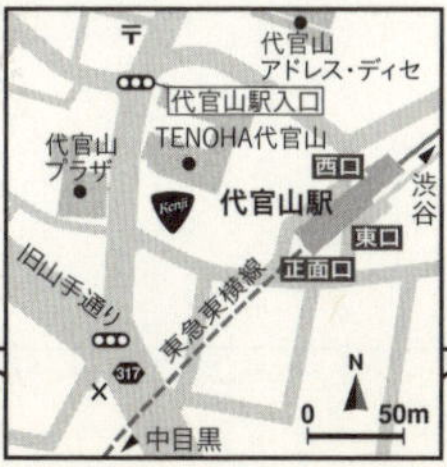

Vol.
30

梅島のユートピア、
憧れのハワイ

The Live Spot

『梅島Yukotopia』
『The Beach Bar』

今月は千住の特集とのこと。

ハワイについて書こう。なんでだ？　いや先日ハワイに行ってきたのだ。千住ももちろん素敵だけど、常夏の島ハワイに生まれて初めて行ってきたのだ。書きたいではないか。ちなみに千住あたりに関してチラリと触れておくならば、梅島に『梅島Yukotopia』というハコが数年前まであった。約百人キャパのライブハウスであった。聞いた話しによれば（すいません、あくまでミュージシャン同士のウソ。裏を取っていません）、ユーコさんという女性が自分の理想の店を目指して作ったんだそうな。ユーコのユートピア、でユーコトピアなわけだ。なるほど内装など一種独特であった。グレイトフルデッドを中心とした'70ロックのポスターがあちこちに貼られ、しぼり染めのTシャツなども販売していたように記憶している。とても味のあるいいハコであった。

で、ハワイである。

親戚がハワイで挙式を上げることとなり、式に三十分だけ出て後は一人でフラフラしていいから来ないか賢二さん？と、親戚に誘われたのだ。さらに「両家の食事会とか来なくてかまわないから」とのこと。

一般には理解しがたいかもしれない。若い頃からロックなんぞやってるフーテンの身内は、親戚中から「顔だけ出せばいい。君に何も求めてないから。終わったらフラフラしていなさい」というピンポイント&フラフラ役というスタンスを与えられることがままあるのだ。冠婚葬祭の種では大体そうである。そうやって、言われるままにちょっと顔出してフラフラしている内に、散歩好きになったのかもしれない。なわけはない。

しかしフラフラするにもハワイってのは柄でもないしなぁ。一瞬悩んだ。すぐに思い直した。ハワイは、沢木耕太郎が最も好きな旅先、として著作に紹介している場所ではないか、と思い出したのだ。言わずと知れたバックパッカーのバイブル、海外一人旅行記の金字塔『深夜特急』の著者である沢木耕太郎先生は「今まで行った中で一番好きな旅先は？」などという愚問に対し「ハワイ」と何度か応えている。取材者をケムにまこうとしているわけではない。本当に気候やリラックスしたムードが好きなのだそうだ。

ハワイにおける理想の一日のすごし方なども語っておられた。それは、まず朝、ホテルのレストランでパンケーキを食べ、その後ハワイ大学の図書館で読書とうたたね、学食でランチ、また読書とうたたねの後にプールで泳いだら、アラモアナショッピングセンターで食材を買って夕食、夜十時から軽く酒を飲む。という実に優雅な、いっそハワイ沢木コートピア、とでも名付けたくなる理想的な時のすごし方なのである。

高校時代から沢木先生の愛読者である僕としては『ついに来たハワイ沢木コートピア！』ってなもんである。ハワイ到着の翌日、もちろんミーハー丸出しで先生の理想の一日を体験すべく、朝はホテルのレストランでパンケーキを注文したに決まっている。「おうっ！だがしかしこれは」ところが出てきたそれは大阪道頓堀でおっちゃんが焼いたとん平焼き×3くらいのボリュームのしろものであった。なるほどアメリカンサイズ。なんとか1/3だけ口をつけて、次はハワイ大学だ。ところがガイドブックもろくに用意してこなかったのでそれがどこだかわからない。まぁ歩いていれば着くだろう、みたいな気持ちでホテホテと町を流していたら、いつの間にかワイキキのビーチに出ていた。キラキラと波光きらめく南洋の海は『なるほど、なるほどなるほど』と、ただ感心するばかりのなるほど的美しさであった。

雲一つ無く暑い。ところが湿気が低く風が肌の上を転がっていく快感。ビーチ沿いの高級ホテルの敷地内にも特に壁などはなく、ビーチバーにもまったくフラフラ入っちゃってOKであった。

その内の一つ、ホテル・モアナサーフライダーの敷地に大きな、とても大きな木が生えていて、その長い枝々が、緑の葉と共に、太陽の光をさえぎり日陰を作っているビーチバーがあった。「The Beach Bar」と看板にあった。誘い込まれるように一席に座ると、現地の店員がオーダーを取りに来た。僕はできる限り舌を巻いて「バーボンソーダ」と発音したつもりであった。しかし、出て来たのはショッキングピンクの甘い謎のトロピカルカクテルであった。沢木先生への道ははるかに遠いなぁ、と思ったものだ。ハワイオーケンートピアはまだまだだ。

ビーチバーのサイドに、三畳ほどのステージが設けられていた。ガットギターを一本抱えた西洋人のおじさん（意外に僕より年下かもしれない）が現れ、自分でセッティングして、やおらビリー・ジョエルを歌い始めた。

歌もギターもかなりのハイレベルであった。ビリー・ジョエルを歌い終えると、彼は二言三言つぶやいて、オリジナルなのかはわからない、ビーチサイドに流れるにピッタリの、イージーリスニング調の歌を歌い、歌い終えるとまた一言二言ポソリとつぶやき、再び歌い始めるのであった。

満員のビーチバーの誰も、彼の歌は聴いていないように見えた。ＭＣも、リアクションの一つあるわけではない。ただ南の島のビーチバーに、クオリティのえらく高い歌声が流れている。

すごいな、と思った。つまり彼のやっていることはＢＧＭとしての音楽なのである。普通、人がステージに立つ場合に当然のこととして行う、リスナーを摑《つか》む、乗せる、自分の方に精神を集中させる、これら一切の音楽家としての我欲を排除して、バーの客達に対し居心地いい場を提供するためのみの、それは風の音や波の音にむしろ近い、環境的には無音、の状態を、歌で作り上げてみせているのだ。スタンダードジャズセッションやインストバンドではなく、ギター一本と歌でそれを行うというのはすごい力だなと感じる。一帯どういった経歴の人なのだろう？　好んでBGMとしての歌を歌っているのだろうか？　それともなにか理由あってBGMの歌を歌わざるを得ないでいるのであろうか？　ワイキキのビーチバーというハコは彼にとってユートピアなのか旅の途上なのか終着駅なのか？　そんなことを考えつつ、僕は頼んだ覚えのないピンク色の酒を飲まざるを得ない。

梅島Yukotopia

1991年から2015年まで営業。伝説的ジャムバンドGrateful Deadを慕う、デッドヘッズたちのユートピアでもあった。

Vol. 31

本番前には酒を飲めと親父は言った？

The Live Spot

『WWW』

今回の特集は「酒場100軒」とのこと。何度か書いてきた通り、僕にとってライブハウスは歌を歌う場所であると同時に酒場でもある。ほぼ例外無く演奏の前後にそこで酒を飲むからだ。演奏前は、本番一時間前にビールを二缶は必ず開ける。軽くテンションが上がって、MCが上手く話せる……ような気になるからだ。ロックの現場なのであまり咎《とが》められることはないけれど、下戸や先輩が楽屋にいる時は一応一声かけてから開けるようにしている。

「すいません、本番前には酒を飲めとの親父の遺言なんで。あ、親父まだ生きているんですけど」

下戸も先輩も「おう、飲みなよ」「ああ、気にしないで」と、僕のジャブ程度の冗談の方はスルーして、ハコを酒場に使う者のこりないルーティンワークを許してくれる。

先日は渋谷の『WWW』というハコを〝酒場〟にしてきた。スペイン坂を上がり切ってすぐにあるライブハウスだ。ここは以前、『シネマライズ』という映画館であった。

元映画館を改装したライブハウスは他にもいくつかある。たとえば高田馬場の『高田馬場AREA』は、かつて『高田馬場パール座』という名画座であった。学生時代、自転車をころがしてロマンポルノなどをよく観に行ったパール座が、ある日突然ビジュアル系中心のハコに変身して驚いたものだ。

『シネマライズ』はPARCOのそばということもあってか、おしゃれでデート向けの映画を多く上映することが多かった。『ホテル・ニューハンプシャー』『アメリ』『ポンヌフの恋人』など、僕も昔は女の子を誘って観に行ったりしたもんだ。

そう言えば、『ポンヌフの恋人』を一緒に観に行った○子ちゃんは、映画の後にそれとなく口説いたものの実は十コも歳上《としうえ》の彼氏がいて僕は撃沈したのだ。そうしたらしばらくして「彼と別れた」と連絡が来た。理由を聞くと「彼がオヤジ狩りに遭ってしまって、お見舞いに行こうと彼の衣類などをまとめていたらポロンと写真が一枚落ちてきたの」「写真？　あ、他の女との？」「女じゃなくて男、男、男だらけよ」写っていたのは浴衣姿の男たちの宴会記念写真で、写真の下に某宗教団体の名前が入っており、さらにそこの「同性愛同好会」のものであるとのサインがあったそうだ。別にどんな宗教の信者でも同性愛者でも人としてはまったくかまわないと思う。とは言え恋人たる彼女にしてみれば大いなるショックであったのであろう……って……なんの話しだったっけ？　ああそうだ『シネマライズ』の話しだ。脱線失礼。

ともかく、沢山の映画を観た場所が音楽のハコとなった。そこで演奏できたことはうれしかった。終演後ももちろん〝酒場WWW〟で僕はビールを飲んだ。

ついでだからもう少し映画の話しをしよう。僕が初めて映画館で観た映画は『キングコング対ゴジラ』であった。四歳くらいであったと思う。父に連れられて兄と一緒に行った。中野区の野方の北口にあった、『野方東宝』という三番館であった。西武新宿線の脇の道を、映画館へと、僕は跳びはねるようにして歩いたのを今でもよく覚えている。よっぽどうれしかったのだと思う。

父はあまり子供と外出しない親で、しかしその時の僕のはしゃぎようが印象に残ったのか、その後も何度か映画に僕を連れて行った。『ドラゴン怒りの鉄拳/ボルサリーノ(二本立て)』『タワーリング・インフェルノ』『カプリコン1』『日本沈没/グアム島珍道中(二本立て)』『ノストラダムスの大予言/ルパン三世 念力珍作戦(二本立て)』等々である。

父の映画の観方は特別……と言うか完全に間違っていた。映画がすでに上映を始めていても、途中から入場するのだ。昭和のプログラム・ピクチャーを観て育った世代には普通のことであったのかもしれない。しかし、『カプリコン1』を途中から観るというのは、いささか常軌を逸していたと言わざるを得ない。

なぜなら『カプリコン1』は、米政府が有人ロケット火星着陸を特撮で捏造《ねつぞう》していた、との内容のサスペンス映画で、前半で火星着陸に沸く人々のサスペンスを、後半で脱走した宇宙飛行士の冒険を描く展開だ。つまり二部構成的な映画なのだ。よりにもよってそれを、後半から入場して子供に平気で見せる。そして休憩時間の後に前編を見せて、前回観た後半部にさしかかるや「賢二、慎一(兄)、もう後はわかるからいいだろ、行くぞ」と言って映画館をサッサと出ていってしまったのであった。歌舞伎町であった。四方を巨大な映画の看板に囲まれたコマ劇場前広場で僕がなんだか釈然としない気持ちでつっ立っていると、父は『新宿ミラノ座』の、クリント・イーストウッドのアクション映画『ガントレット』の看板を指差して「あっちの方が面白かったかな」なんぞと平気で言う。

僕はまだ小学生だった。でも、当時から自分は将来クリエイティブな仕事をやりたい、と考えていたから、父のテキトーに過ぎる映画の観方がどうにも納得いかなかった。『親子とはいえこの人と自分は人種が違う』とか歌舞伎町の真ん中で断絶を感じたりもした。『日本沈没』を野方東宝に観に行った時もそうだった。

　父に連れられて野方東宝に入るとスクリーンの中で、日本列島はあらかた沈んでいた。早いなオイ。

　いや映画館に入るのが遅過ぎたのだ。で、日本が沈没して休憩挟んで『グアム島珍道中』を観て、父は息子に「じゃ、帰ろう」と言って本当に賢二を連れて出てしまったのであった。呆れるばかりだが、あの日は野方の駅で待ち合わせをして、仕事の押した父が遅れて来たのだ。父が改札口に見えた時、ホッとしたのを覚えている。四、五歳だった。冬だった。

熊の耳のようなボンボリのついた帽子をかぶって、父を待っていた幼い自分の姿を思い出す。自分で言うが、可愛い盛りであった。

　7歳までの可愛さで、子は親に恩返しを全てすませているなどと聞く。僕もあの冬の日の、熊の耳のボンボリで恩返しを全てすませたのだろうか。父に聞いてみたいものだ。先日、父が八十七歳で大往生を遂げたためにそれはもうかなわなくなった。葬儀の帰りに寄った喫茶店でこれを書いている。――本番前には酒を飲め――との遺言は実際にはなかった。

WWW

JR・私鉄・地下鉄渋谷駅ハチ公口から徒歩7分。渋谷区宇田川町13-17-B1　☎03-5458-7685　スペースシャワーTVがプロデュースするハコとして2010年に誕生。

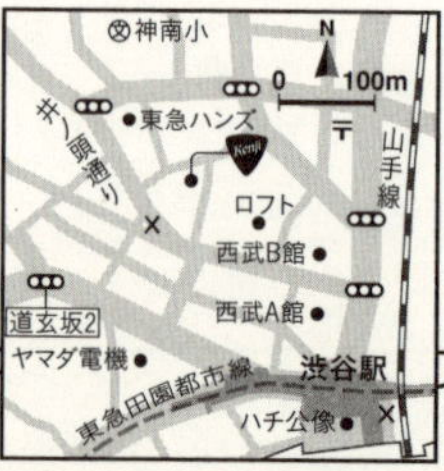

Vol. 32

百人町から歌舞伎町へ 食堂散歩

The Live Spot

『ネイキッドロフト』

『新宿ロフト』

『ロフトプラスワン』

今回の特集は「食堂100軒」とのこと。僕の場合、食堂と言って思い出すのは歌舞伎町の『つるかめ食堂』だ。このお店については、まずその発見が衝撃的であった。俳優の田口トモロヲさんのロックバンド「ばちかぶり」の初期曲の中に「歌舞伎町つるかめ食堂」というフレーズが登場する。「苦行」という激烈なパンクソングの冒頭で、田口トモロヲさんがもだえくるしむかのふりしぼる声で「……歌舞伎町……つるかめ食堂っ……」と語り出すのだ。そんな言葉をパンクに乗せて語るロックなんて当時ちょっと他になかったから、インパクトは絶大であった。欲望の町・歌舞伎町に人情味あふれる『つるかめ食堂』という組み合わせがまず異様に聞こえた。しかもそれをトモロヲさんが芝居っ気たっぷりに発するものだから、僕はてっきり「歌舞伎町つるかめ食堂」というのは、歌詞の中にのみ存在している架空の食堂だと思いこんだ。

しかしある時、歌舞伎町の細い小道に入り、弁天公園の横にあった『王城』というレンガ造りの名曲喫茶へ行こうとして、ふと横をみたら『つるかめ食堂』という定食屋があったのだ。思わず「あ、あるっ!」と声を上げて驚いてしまった。

本当にあった『つるかめ食堂』。『新宿ロフト』が西口から歌舞伎町に移転してから、対バンの出番待ちなどにたまに食べに行くようになった。何を食べても、どの料理もなぜか懐かしい味がする。やはり出番待ちに食べに来ていた対バンのバンドマンと店内でヒョッコリ出会って「あ」「よっ」「生姜焼き?」「そっちはコロッケか」などととてもロックっぽくない会話を交わすこともしばしば。そもそも、歌舞伎町の真ん中で懐かしうまい定食にありつける異文化交流的な存在感は貴重だと思う。大久保通りから散歩がてら食べに行くことも何度かあった。大久保、新大久保周辺には音楽スタジオがいくつかあるのだ。レコーディングの時間が空いた時などにブラブラと『つるかめ食堂』を目指す。大久保駅のあたりに、火縄銃を持った人々の壁画があるのを御存知だろうか？ 徳川の時代に江戸を守るため、鉄砲百人隊という組織が組まれていた。百人町の名の由来であるという。結局、彼らには出撃の機会が来る事は無かった。隊員たちはもっぱらツツジを栽培して日々を送っていたらしい。「新宿区の花」がツツジに定められているのはそのため。意外にノンキだね鉄砲百人隊、と言いたいところだが——実は！僕だけが知っているのだ、歴史には残っていないが、本当は一度だけ、江戸を守るため百人のガンマンたちが死を覚悟で決起、戦いに出陣したことを。名付けて「出撃！大江戸鉄砲百人隊」。

……という、まったくフィクションの小説を書こうとしていた時期が僕にはかつてあった。結局、時代考証抜きのハチャメチャ戦記にするとしても、歴史ジャンルは手に負えないやとあきらめてしまったのだけれど、「出撃！大江戸鉄砲百人隊」のアイデアを練りながらよく大久保通りを歩いたものだ。

そして新宿方面へ向かういくつかある小道の一つに入る。この小道の各々には90年代半ばまで、夜になると外国人娼婦が立っていた。最初はアジア系の女たちだった。それがいつの間にか南米系に一斉に変わった。そしてまたロシア系に一斉に変わったように記憶している。しかしある時、いずれの国の売春婦もまた一斉にいなくなり、韓流ブームに沸くストリートにパッと変わった。現在は韓流ブームも収まってきているが。

大久保通りから職安通りに出ると、僕は『ネイキッドロフト』の前に行く。その日の出演者を見て、知り合いだったら『お、がんばれ』

と心で声をかける。『ネイキッドロフト』は八十人も入ればパンパンのトークライブのハコだ。軽いセットならライブもできる。職安通りに面したハコの壁はガラスになっている。演者から町を行く人々が丸見えだ。町を行く人々からも今夜の演目が丸見え、という大胆な造りのハコなのである。大胆な事が苦手な演者が出る時はガラスに暗幕がかけられるようになっている。僕は大胆でないので、出演の時はカーテンを降ろしてもらっている。

職安通りを越えて歌舞伎町に入ると『新宿ロフト』がある。そこから100メートルも歩けば『ロフトプラスワン』だ。『つるかめ食堂』はプラスワンの裏にある。

つまり、大久保通りから『つるかめ食堂』までの間に、三つのハコの今夜の出演者がわかるというわけだ。

たいがい、どの日でも、どこか一つのハコには友人知人が出ている。それを確認すると僕はなんだかホッとした気持ちになるのだ。明日をも知れぬロック稼業ではあるけれど〝仲間はいる〟という想《おも》いは、定食屋のアジフライ定食の〝いつもの味にホッとする〟、に近い感覚があるのではないかと思うのだ。

今回「散歩の達人」が食堂特集ということで、では大久保通りから『つるかめ食堂』までの散歩コースについて書こうと思いついた。で、大久保駅周辺のコンビニをスタートにいざ歩き始めて五十メートルほどで、さっきまで持っていたはずの財布が無くなっていることに気が付いた。

煙のように消えていた。

『な、ないっ!』百人町在住の方々には申し訳ないが、場所柄、すられたと思ったものである。すぐにコンビニに戻り、外国人バイトの青年に紛失を伝え、百人鉄砲隊壁画前で銀行やカード会社に電話して取り引きを止めてもらい、新大久保の派出所に飛び込み事情を説明。『でもう出てくることはあるまい』ガックリ肩を落とし、カバンの中にたまたまあった総所持金三百六十円でなんとか家まで帰った。マジ落ち込んだ。

ところがである。なんと、翌日新宿警察から連絡が入り、財布が見つかったとのこと。道で拾われたのだそうだ。駆けつけると中身全て無事。拾い主は名も告げず去ったと。う〜ん、ありがとうございます。人情まだまだ捨てたもんじゃない。

戻って来た財布を持って昨日のリベンジで『つるかめ食堂』へ向かった。だからこの日の食堂への散歩は大久保百人鉄砲隊壁画前からではなく、新宿警察からになったのだ。『ありがとう人情!』とか思いながらアジフライ定食を食べた。キムチ唐がらしのふりかけをたくさん白米に振ってやった。

ネイキッドロフト

JR・私鉄・地下鉄新宿駅東口から徒歩8分。新宿区百人町1-5-1 ☎03・3205・1556　トークライブとアコースティックライブが中心。

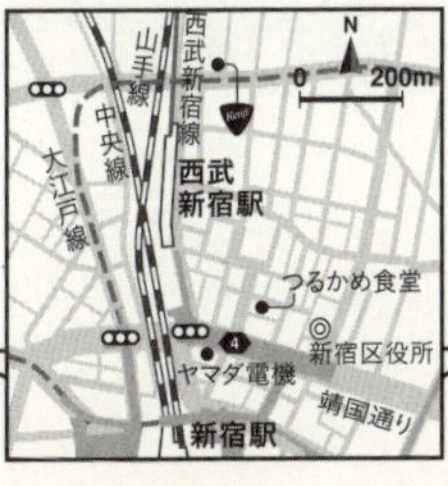

新宿ロフト

新宿駅東口から徒歩8分。新宿区歌舞伎町1-12-9-B2　☎03・5272・0382　パンク・ハードコアからアイドルまで、受け皿の広いハコ。

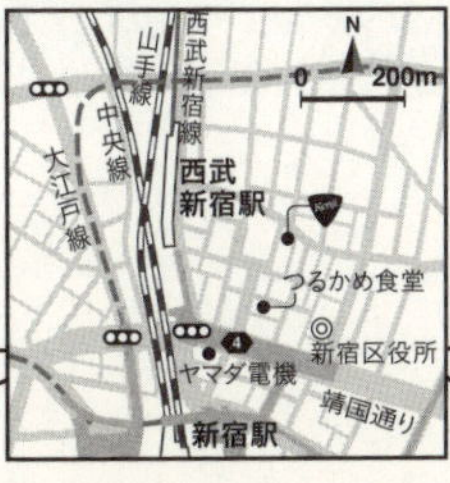

ロフトプラスワン

新宿駅東口から徒歩5分。新宿区歌舞伎町1-14-7-B-2　☎03・3205・6864　サブカルチャー全般のトークライブが中心。

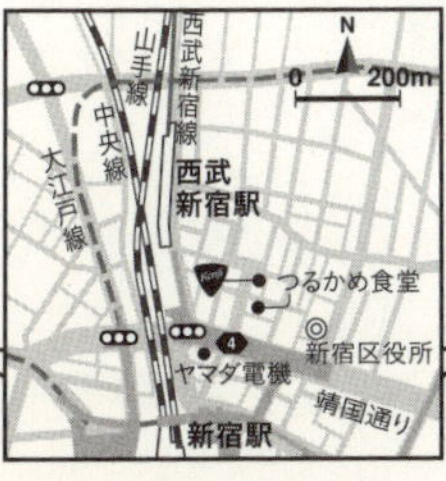

Vol. 33

名曲喫茶めぐりとあの日見た踊り子

The Live Spot

『B.Y.G』

二

十代の頃は原稿仕事の多くを名曲喫茶でやっていた。

複数の人の前で普段歌っている身としては、孤独な執筆作業がさみしくて、せめて人の集う場所で行いたかったのだ。人が集まっても名曲喫茶なら誰もが静かで気も散らないし、何よりクラシックやジャズがさっぱり耳に入ってこないロック者の僕としては、ほとんど無音の状態の中でペンを握ることができるから書きやすかったのだ。

最初は中野の、今や伝説の名曲喫茶『クラシック』で書いていた。

中野のサンモールと中野通りの間の小道に、かつてその店は崩れるようにして建っていた。誇張ではなく老朽化で店全体がちょっと斜めっていたのだ。扉を開けると、薄暗く、メニューはジュース、コーヒー、紅茶の三つだけで値段もガキのこづかいくらいに安い。しかも店内飲食物持ち込み自由であった。よくマックを買ってから入ったものだ。店内のスピーカーからは竹針で聴くSP盤が流れ、壁のあちこちに抽象画が飾られていた。店の奥にいつも、鷲鼻《わしばな》の老紳士がパイプをくゆらせていた。お店の御主人であり壁に掛けられた絵の作家である。渋いにもほどがあるクラシックで原稿用紙にむかうのが好きだった。しかしある頃から料金の安さからか高校生グループなどが集うようになり、多少にぎやかになって僕の足は遠のいてしまった。数年前に高円寺で、今は無くなった『クラシック』の椅子や机を、引き取って使用している『ルネッサンス』という名曲喫茶を偶然発見してそれは驚いたものだ。あの店は今もあるのかなあ。

『クラシック』に代わる〝仕事部屋〟を探そうと、都内あちこちの名曲喫茶をめぐっていた時期がある。ジャズ喫茶も含めどの店も興味深かった。忘れられないのは、高田馬場の早稲田通り沿いにあったクラシックをかけるという名曲喫茶である。夏の寒い日、コクヨの原稿用紙とペンケースを抱えて『この店、外観も素敵だしいいじゃないか』入ったところ思わず僕は声を失った。店内に流れていたのがバッハでもサティでもなく、NHK夏の高校野球実況中継であったからだ。もうガンガンに「打ちました七回の表PL学園逆転だああっ」とか大きな音でやっていた。店主の趣味なのかわからないが、一体その放送のどこが名曲だと言うのか。AMだし。

結局、渋谷に流れ着いた。

道玄坂と、ライブハウスが数多く建っている円山町をつなぐ小道、百軒店の奥に、二軒の、隣接するいい喫茶店を発見したのだ。

道玄坂の方から見て一軒目が『B・Y・G』というロック喫茶&バー、二軒目がクラシック喫茶の『ライオン』であった。

B・Y・Gはロック喫茶とは言え、店名がザ・バンドのアルバム『ミュージック　フロム　ビッグ　ピンク』から来ているらしいことからも、それこそザ・バンドとかCSN&Yとか、レイドバックしたものがかかることが当時は多かった世代では無い僕の耳には音楽が入ってこないので原稿も書けたのだ。

ライオンの方はガチガチのクラシックの店である。木とコーヒーの混ざり合った匂いのする薄暗い店内には学校の教室のように木製の机と椅子が全て前を向いて置かれている。で、前方には教壇ではなく巨大なスピーカーが設置されているのだ。そこからエンエンとクラシックの名曲レア曲がひねもす流れ続ける。客たちは誰も一言も声を発しない。かわりに時に、ついついノリノリになってしまったのであろう、スピーカーに向かってエアタクトを振る初老（でも今の僕より若いのかもしれない）の紳士の姿を見かけることもあった。

あのライオンのガタガタ揺れる（そこがいい！）机で、二十代、どれほどの枚数のエッセイ、小説を書き倒したことか。特に小説は『書くのはライオン』と一時期決めていたから、『グミチョコレートパイン』のグミ編、パイン編などといった長編はもう丸々ライオンで書きあげた。一心不乱に『ライオン』で書いた。モーツァルト先生やドヴォルザーク先生など音楽史上の偉人には申し訳無いが、クラシック耳を持たない僕には一音たりとも音楽は聴こえちゃいなかった。ただ、マーラーの『アダージェット』とラヴェルの『亡き王女のためのパヴァーヌ』だけは、それが流れる度にハッと我に帰ってペンが止まるのが自分でも不思議であった。何か僕の心の琴線に触れるものがある曲なのだろう。で、ハッと我に帰ると、一度店を出て、町を散歩して気分を変えた……あ、思い出した。

その気分を変える散歩に行く途中、百軒店の坂の途中にあるストリップ劇場『渋谷道頓堀劇場』にフラリと入ったことがある。

もともと僕はストリップを観るのは好きで、浅草の『ロック座』に今も年に一度は行くのだけど、執筆の途中に入ったのはその時が初めてだったかもしれない。入ると、それほど若いとは言えないお姉さんが舞台上ですでに半裸であった。それなのにお客の数人が寝ていた。新聞を広げて読んでいるサラリーマンもいた。これは年増の踊り子がステージに現れた時によく見られる客席の光景なのである。『次の若い子が出て来るまで一休みしよ』ということだ。舞台上の踊り子にしてみれば実に失礼な態度なのだ。そのお姉さんはまったく気にする気配も無く、「ハ〜イ」と言いながらコンヌズバ〜、と股を開いた。しかし一休み中の客たちには何の反応も無い。するとお姉さんはカッと開いた自らの股間の前に火の灯《とも》るランプを置いた。

『ん？ 何？』客たちがいきなりの小道具登場にやや反応を見せた次の瞬間であった。ンゴゴゴッー!! と音を立て、ああ、なんということかどういう構造による奇跡か、お姉さんの、その、なんだアレだ女性器が、一メートル以上あったであろう真っ赤な炎を噴き上げたのだ。「お……お～っ!!」さすがの世慣れた客たちもこの火を噴く女性器を持つお姉さんには驚きの声とヤンヤの拍手を惜しまなかったものだ。僕も、ヤンヤパチパチもちろんしましたよ。

それから二十年近く経って、ここ数年、B・Y・Gで弾き語りをやらしてもらってMCの度にこの話しをしようと思うのだけれど、ライブの流れが変な方向に行きそうなんで『散歩の達人』に書きました。

B.Y.G

JR・私鉄・地下鉄渋谷駅ハチ公口から徒歩10分。17時30分～翌2時（日・祝は15～24時）、無休。渋谷区道玄坂2-19-14 ☎03・3461・8574 コーヒー500円。

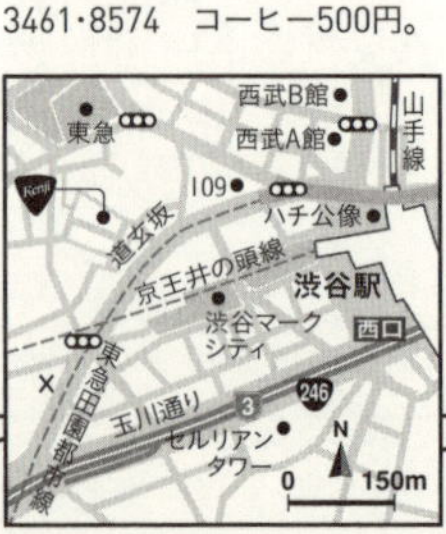

Vol.
34

ハイウェイ・スター

The Live Spot

『深川座』
『銀河スタジオ』
『日本特殊陶業市民会館』

豊

洲や深川といったお題である。

惜しかった。ちょうど人間椅子というバンドと豊洲に最近出来た『豊洲PIT』というハコでやる予定だったが、もうちょっと先の話しである。

他にそのあたりといって思い浮かぶのは、そういえば昔、深川に『深川座』というライブハウスがあった。

門前仲町の何口だったかを出て、富岡八幡宮と逆の方向に二、三百メートル歩いたあたりにあった。下町の雰囲気に合わせてか、ちょっと旅芝居小屋風の造りであったように記憶している。キャパは百人程度ではなかったか。故・池田貴族氏とアコースティックのライブをやったはずだ。演芸劇場っぽい造りの深川座のステージ上に、まるで似合わないロングのソバージュヘアーの彼がピアノを弾いていた姿を覚えている。

池田貴族は人間椅子などと共に、通称「イカ天」と呼ばれた勝ち抜きバンドコンテストテレビ番組から頭角を現したボーカリストであった。本来はリモートというバンドの一員だ。自らを「貴族」と名付けるトンチの利いたキャラを生かし、一人でライブやイベントなども行っていた。そういう、よく言えばマルチ、悪く言えばロッカーとして軸がブレているところがよく似ていると傍《はた》から思われたのだろう。僕と彼とは共演することが多かった。当時はルックスも多少似ていたし。門前仲町まで呼ばれたのもそういった経緯であったと思う。

キャラがかぶると言えばこんな事があった。極真空手の大会に招待されて席に着いたところ、間に小さな男の子を挟んでその隣が長渕剛さんであった。『ワワ！　御挨拶しなきゃ』と思いつつ、横の子供がやたら僕に語りかけて来てタイミングを逃していたところ、やにわにウヌヌヌヌ〜と言う感じで長渕さんがこちらを向いた。そして、どうやら御子息であるらしい隣席のチビッコの肩をガッシとつかみ、地の底からしぼり出すような声（本当に）でもって御子息に「（大槻のことを）気に入ったのかぁ？」と問うたのである。

御子息がうなづくや父上は「そうかぁ……じゃあ今度家に行ってみるかぁぁ」えぇっ!? 来るの!? 長渕親子が俺ん家に!? てか勝手に決められてるし。焦りまくったところで今こそ御挨拶のチャンス！と僕はガバッと立ち上がって長渕さんに「あ、御挨拶おくれまして、え、僕はあの……」「ああ、音楽はもうやめられたんですよねぇぇ」どういう情報源かわからないが長渕剛に音楽引退を確認されてしまったものである。

「え、いや、あの、まだやっています」否定すると長渕さんはまた渋い重低音でもって「……こりゃあ……しつれいぃぇぇぃ」と言ったのであった。そんな、奇妙な緊張感の中で空手の大会を見終え、椅子を立った瞬間であった。「お兄ちゃん」長渕御子息が僕を呼び止めてこう言ったのだった。「お兄ちゃん、またテレビで幽霊の話しいっぱいしてねっ」

リモート解散後の池田貴族は、主にタレントとしてテレビで活躍していた。中でも怪談話しが得意で、方々で怖いトークをしていた。つまり、長渕剛さんのお子さんは、空手の大会中、僕をずっと大槻ケンヂではなく池田貴族と間違えていたということだ。

池田貴族とはリモート時代、旧ニッポン放送の三階にあった『銀河スタジオ』でもライブ共演している。

このハコは公開録音用のキャパ百人のハコだった。バンドも入れられた。寺内タケシさんのオールナイトニッポンという番組が終わる最終回に、彼の番組に世話になったバンドや芸人などが集った。深夜三時から酒飲みながらの打ち上げを生放送したのだ。ゆるい、楽しい時代であった。

修豚というミュージシャンが放送自粛用語バリバリの、三上寛さんの歌をフルで歌えば、パンチ君という芸人（今は僧侶になったらしい）が、リンダリンダのバカバカしい替え歌を歌った。そしたら、酔っぱらったバンド連中の一人が「ふざけるな！」（いや、ふざけているんだけども）マジメにやれと怒り出し、一触即発のムードになってしまった。

そこへ「俺たちはふざけていないぞ」と言って現れたのが池田貴族であった。

「俺らはマジメにやるぜ」と言ってリモートはディープ・パープルの「ハイウェイ・スター」を完コピで歌い切ったのであった。

いやいや、今夜はふざけていい夜だろうにパープルを完コピって何その選曲？と僕は笑ってしまった。だけど、本業よりも怪談家で有名になったボーカリストの、アレは真夜中の矜持《きょうじ》であったのかなぁ、と、没後二十七年後の今ふと思う。

池田貴族氏は1999年、肝細胞がんのために三十六歳の若さで亡くなってしまった。

がんが発見された時はもう進行していたそうだ。入退院をくり返した。そんな時期に、名古屋でみうらじゅんさんとトークライブをやっていたら、少女人形がポーンとステージの僕らに飛んで来てギョッとしたことがあった。遊びに来ていた池田貴族のいたずらだった。みうらさんとステージに引っぱり上げ、三人でトークとなった。

その夜の打ち上げで、若い女のコが話しかけたそうにこちらを見ていた。しかし末期がんに苦しむ男がそばにいるのに一緒に飲もうぜとも言えないねと、みうらさんと話していると、当の末期がんの男が「遊べることが出来る人たちは遊べない人の分も遊ばなきゃダメだよ」と言って、笑ったのであった。

……先日、僕は声帯ポリープの手術で二泊

三日の入院をした。ほんのわずかな期日とは言え大変だった。池田貴族のがん治療などどれほどの厳しさであったか想像も出来ない。術後しばらくは声を出してはいけないので、歌えないボーカリストはライブなどをあちこち観に行った。車で名古屋まで走り、『日本特殊陶業市民会館』という、老朽化したハコでディープ・パープルのライブも観た。ボーカルのイアン・ギランは見た目にハッキリおじいさんだった。高音も出ていなかったけど、老人になってもなおロックのハコのステージ上に立っている喜びと意気込みに満ちていてハッピーだった。彼らの一曲目は「ハイウェイ・スター」であった。

日本特殊陶業市民会館

JR・名鉄・地下鉄金山駅から徒歩5分。名古屋市中区金山1-5-1 ☎052・331・2141　オペラ・バレエ・クラシックコンサートにも使われる。

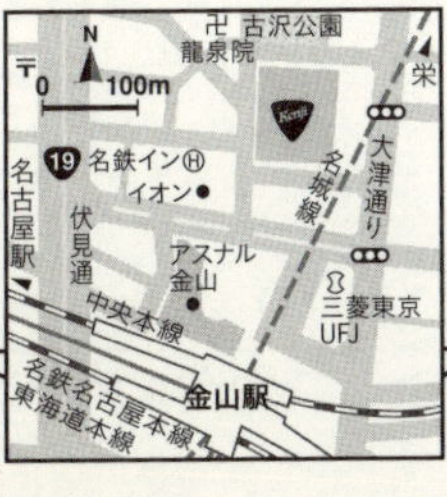

Vol. 35

僕がゴールデン街になじめなかった理由

今号の特集は「ビアグルメ」「夜さんぽ」とのこと。

三十代の頃、新宿ゴールデン街の夜を飲み歩く「夜さんぽ」に憧れていた。赤塚不二夫先生など70年代サブカルチャー人達の酒場武勇伝を伝え聞いて、そろそろ俺もゴールデン街になじみの店を二〜三軒、と夢想したのだ。でも、実際に行ってみたら、どうもしっくりこなかった。

まず有名な『深夜＋1』に勇気をふりしぼって入ったところ、ピーナッツの殻だらけの床の店内の、カウンター越しに内藤陳さんが立っておられた。その存在感に圧倒されて飲んでいる気がしなかった。

続いて元巨乳ＡＶ女優さんがママの店に入ったものの、常連さんばかりで「ん？　何か用」といった彼らの反応。会話をしてもとりつくしまが無い。客らが帰った後にママがボソッと「からかわれちゃったねぇ」と言って僕の前にウイスキーのボトルを置いた。「マンガ家のＡさんのボトル、知り合いでしょ。飲んじゃいなよ」え？　あ、はぁ、と水割りで飲んだところ、後日「大槻君、全部飲んだろ。新しいのを入れとけよ」と、そのＡさんに笑いながら怒られた。そうですよね。そういう酒場のしきたりもわからなくて、僕は夢

The Live Spot

『日清パワーステーション』

のゴールデン街人にはなれなかったのだ。

夢破れて（大げさな）ゴールデン街を出ると、すぐ脇に新宿遊歩道公園「四季の路」がある。ミスドの裏から大通りのちょい手前まで、新宿の中とは思えない、木々の生い茂った石畳の道が数百メートルも続いている。

三十代の頃、よくここを歩いた。四季の路を抜けて出た大通りに、『日清パワーステーション』というライブハウスがあったのだ。

九百人入る中バコだ、一階はスタンディングフロア。二階のセンター部分にディナーを食べながらライブを見ることのできるバブルの遺物みたいなスペースもあった。ところが出演者は金の無い若いバンドも多かったから、そんなところでナイフとフォークを持ってると「メシなんか食ってねーでノレよ！」と必ずステージからdisられる。けして居心地のいい食卓とは言えなかった。経営が日清だけに、フロアをよく見ると、カップヌードルの箱がいくつか埋めこまれているのもポイントであった。

98年に閉鎖されてしまったこのハコに、僕は数え切れないほど出演した。

当時、筋肉少女帯は「筋少ちゃん祭り」と題したライブをパワーステーションで不定期に行っていたのだ。好評で、2daysやった。3daysは当り前、最長で5daysやった。三日目にのどがつぶれて声が出なくなり「もう俺をいかりや長介だと思え、ウォーッス!!　ダメだこりゃーっ！」とか言いながら乗り切った。

筋少ちゃん祭りではゲストも沢山お招きした。初対面の方も多かった楽屋での会話に気をつかったものだ。野口五郎さんが来て下さった時は、なぜか話題が〝コックリさんについて〟になった。五郎さん「こわいよねコックリさん」筋少「コワイっすねぇ」みたいな。なんなんだそれ？　今にして思うと、五郎さんが後輩に気をつかって下さって、話しを振って下さったがころがらず、流れ流れてコックリさんの話しに落とし所が迷い込んだ、ということだったのであろう。楽屋でコックリさんについて語り合う野口五郎と筋肉少女帯はシュールであったなと未だに思う。

　高木ブーさんもいらしてくれた。VIPであるからして特別に一部屋御用意したところ、その日フラリと、飯島愛さんが遊びに来てくれた。当時大人気のスターであったし、ブーさんと同じVIPルームに彼女をお連れしたわけである。するとしばらくしてブ然とした表情の飯島愛がバーン！　と我々の楽屋の扉を開けて「ちょっと！」と言った。「ちょっと！　楽屋が高木ブーと二人きりでやりにくいんですけど」

　コワいものなど何も無さそうな飯島愛さんにしても、狭い空間でそれほど親しくもない人との会話はむずかしいのだなぁ、僕がゴールデン街でなじめなかったのも同じような理屈かもなぁ、と妙に納得したのを覚えている。

　パワーステーションはステージのライブ映像を毎回撮影していた。閉鎖された時、かなりの数の筋少ちゃん祭りのVHSをもらった。その中には故HIDE氏がニルヴァーナを謳《うた》う姿（彼がソロでボーカルを取ったのはこの日が初めてだった）など、レアな映像が沢山収められている。

　個人的に激レアなのは、空手を習っていた当時の僕が、自分の口の高さに立てたスタンドマイクのその上部を、キックの内回し外回しでもってヒョイヒョイとかわして見せる映像だ。信じられないマーベラス!!　あの頃の俺はあんなに足が上がったのか。かっこいいじゃないの、と先日映像を観直して驚いた。

　またあんなステージングの出来る肉体に仕上げたいものだ……。

　今年五月に声帯ポリープ除去手術を受けた。

約五十日間、歌をステージで歌うことができなかった。謳わなくても人前に出る仕事は断った。ポッカリと空いてしまった休業期間に、せめて体をなまらせちゃいかん、むしろ昔みたいにハイキックを放てるようになってライブに復帰したいと、格闘技や武術のジム&道場に体験をしに行くという、ちょっと変わった夜散歩をした。

その中の一つに某国軍隊護身術があった。ジムへ行くと、二人一組で、襲われる方と襲う方になって攻防をシミュレーションして下さい、とレクチャーがあった。で、まったく知らない五十代がらみのやはり体験で初めて来たというおじさんと二人一組になったのだ。先生が「では片方が『オラオラ金だせ!』みたいなことを言って、もう一人は両手を開いて前に出し、いかにもおびえているように『やめてください』と言いながら、後方左右にステップして見て下さい」と指導して下さったが、見知らぬおじさん（こっちもおじさん）といきなり「オラオラ」「やめて下さい（シュタッ! とステップ）」って小芝居は相当にレベルが高いと思うのだ。しかもそれを「交互にお願いします」って、かつてVシネで忍者役までやったことのある僕だけれど、この小芝居恥ずかしくてたまらなかった。

だからそういう、その場で他人と息を合わせてみせるコミュニケーション能力の根本的な不足が、僕がゴールデン街に合わなかった原因の一つなんだろうなぁ、と、「オラオラ金出せ」と知らないおじさん相手に小芝居しながらふと思いました。ちがうかな。

日清パワーステーション

1988年、Rockin' Restaurantのキャッチフレーズでオープンし、「食事もできるおしゃれなライブハウス」として人気を集めた。1998年閉店。

Vol.
36

一本道

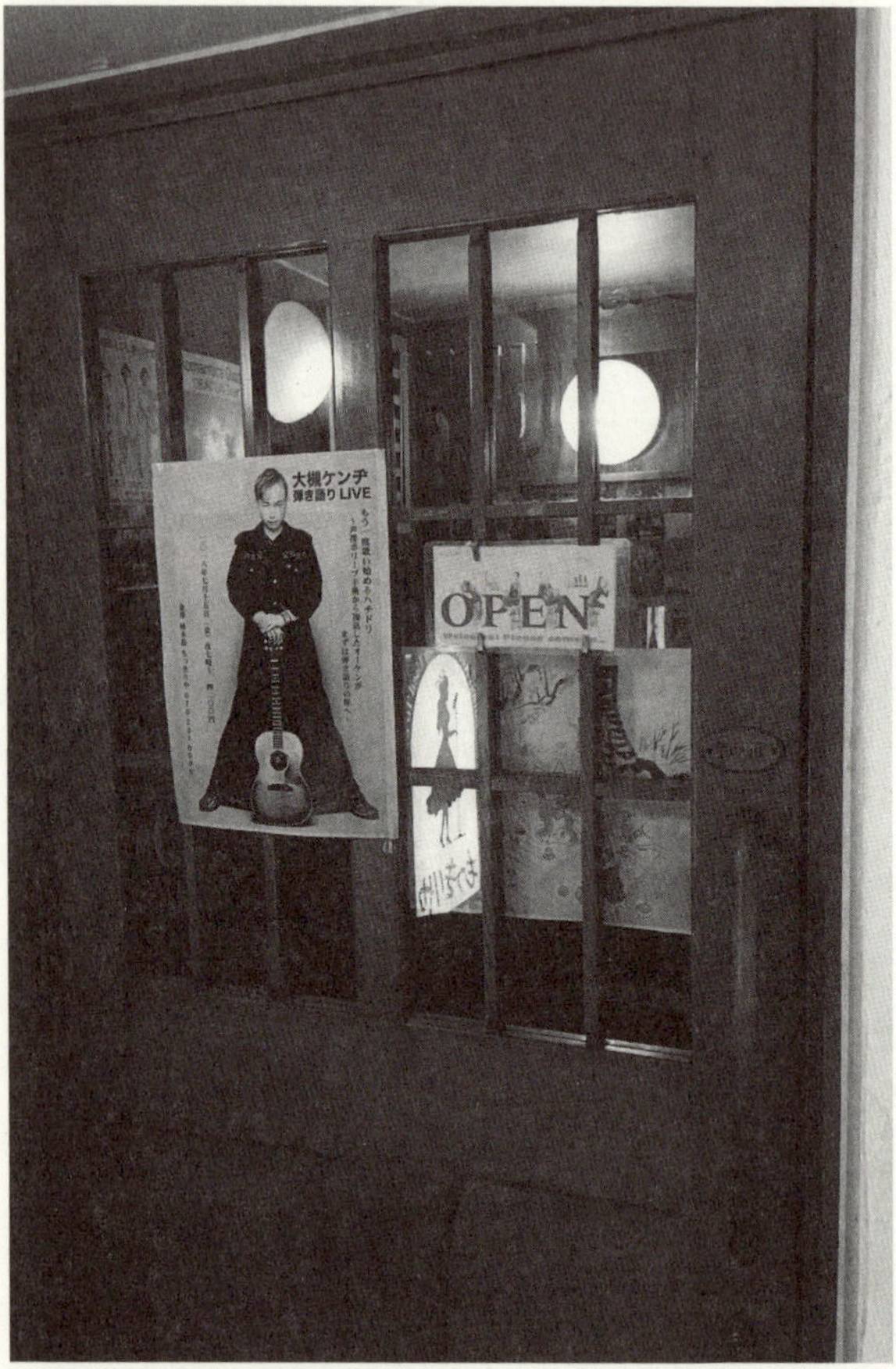

The Live Spot

長野
『ネオンホール』
金沢
『もっきりや』
奈良
『ビバリーヒルズ』
京都
『SOLE CAFE』

先日、SMホテルへ行ってきた。雑誌取材の対談場所で、その筋では老舗であるらしいサドマゾの宿の一室が選ばれたのだ。閑静な住宅街の中に、なぜかポツンと一軒、昔ながらの八百屋さんがあって、その横がホテルの入り口となっていた。

部屋に入ると滑車やら十字架やら、挙げ句は木馬などの責め用具が置かれてあった。凄《すご》味《み》と、そこはかとない馬鹿馬鹿しい光景に呆《ぼう》然《ぜん》としてしまった。

と、隣室から「ぎゃあああああっ！」という女性の悲鳴が聞こえてきたのだ。それは、人が一生に一回、殺される時に上げるような大絶叫であった。ところが、止まらない。「ぎゃああ！」「ひぇぇっ！」と、もしかしたら歓喜のおたけびかもわからない黄色い声が、エンドレスで響き続けていたのだ。長い長い絶叫の途中に一度「もっとぉ！」というのがあったから、きっと悦楽のシャウトなのであろう。極めたりSM道。

「ぎゃああああ〜っ!!」

うらやましい！と僕は心の底から思ったものだ……あ、いや、プレイがではなくて。あれだけ大きな声で絶叫し続けることのできる彼女の声帯の強さを、うらやましい！と思ったのだ。

五月に声帯ポリープの除去手術を受けた。昨年秋から声が出にくくなり、ポリープが発見され、摘出することになったのだ。術後三日は完全沈黙。再び歌ってOKになるまで約二ケ月。しかしそれは医師曰くポップスの場合なのである。「大槻さんのような絶叫唱法だともう少し休みが必要ですね」とのこと。

そこで、筋肉少女帯のライブは8月中旬まで控えることにした。リハビリもかねて、せめて7月に、弾き語りのライブで長野、金沢、奈良、京都をまわることにもした。リハビリツアーはSMホテルでの取材翌日から始まった。

いずれも小さなハコだ。

まず長野の『ネオンホール』は、ライブ予定表を見ると「ミニ四駆ファン集会」なども入っていた。歌を含む長野の趣味人が集うイベント空間+バーであった。ライブ初日、声はあまり出なかったけれど、お客さんたちは喜んでくれたようであった。つかれたのか、翌朝、善光寺の参道沿いのファストフード店にうっかりシャツを置き忘れてしまった。そのことをその夜、金沢『もっきりや』のMCで話したところ、お客さんの一人がわざわざ店に連絡を取って下さった。それでシャツは今、夢のように僕の手元に戻っている。

もっきりやは、70年代フォークの大先輩たちもよく歌いに来るハコだ。「楽屋の代わりに、近所のバーで準備などしていいですよ」、と店長さんに言われ、行ってみると、野良猫が数匹出入りする居酒屋があった。野良猫たちと共に、本番前と本番後、居候させてもらった。

翌週、奈良へ向かった。

この頃になると長野金沢より、ずい分、声が出てくるようになっているのが自分でわかる。うれしいものだ。しかもライブ会場の奈良『ビバリーヒルズ』の周辺は、夏の子供祭りが行なわれていた。明るい雰囲気に満ちていた。

「今日は地蔵盆なんですよ」と店の方に教へられる。恥ずかしながら、子供たちが主役となって行なわれる地蔵盆なるものを、僕はこの歳《とし》まで知らなかった……そう言えば奈良へ旅する前に「お父さんの初盆だから家に線香あげに来な」と母から連絡があった。実家へ寄った。「あんた初盆も知らないのかい。人が亡くなって初めて来るお盆のことだよ」と母にあきれられながら、今年亡くなった父の仏壇に手を合わせた。

若い頃からバンドにうつつを抜かしている僕と、小林旭の歌を聴くこと意外に趣味を持たない性格の堅い父とは、結局最後まで気の合う時がなかった。京都から奈良まで在来線にコトコトと揺られながら車窓をボンヤリながめている時、ふと父の思い出がよみがえった。

父は僕が中高生の頃、ＮＨＫのテレビなどで雪国の風景や、そこを走る電車の映像が映し出されると、「ああ、こんなところを旅してみたいなぁ……」と独り言を口にしたものであった。ある時、反抗期まっただ中であった僕は「だったら、会社とかやめて今すぐ行けばいいじゃないか」と吐き捨てた。父は、黙ってしまった。

……奈良の駅前では、中学生ぐらいの女の子が三人、大声でＪ－ＰＯＰを合唱していた。何がおかしいのか、時々お互いの顔を見合わせてケラケラと笑う。彼女たちの足元にはダンボール紙にペンで「歌手を目指しています」と書かれてあった。僕は、ＳＭホテルの絶叫を思い出し『……人の生きる道ってのは無限だなぁ』などと考えたものだ。

京都のハコは『ＳＯＬＥ ＣＡＦＥ』であった。

この頃にはもう、ツアーの初めの頃より確実に声が出てきていることが自分でわかった。手術から二ケ月と二週間が経っていた。声の出せない手術直後の三日間に、自分の今後、みたいなことをずい分と考えたりもした。今まで僕はバンドをやったり小説を書いたりタレントさんのまねごとをしてみたり、果てはＶシネで忍者の役までやったこともあったけれど、五十代となって、さて、後何年あるかわからない自分の生きる道を、果たしてどこに定めたならよいものだろうか？

回答はすでに出ていた。バンドはやり続け

るだろう。しかしバンドはメンバーそれぞれの都合もある。誰かが何かあって欠けることだってある。でも、ステージには立ちたい。

脚光を浴びたいなんてことではないのだ。舞台仕事を長くやってきたから、落ち着くのだ。ハコの舞台の上が一番。ハコは大きくても小さくてもいい。そうやってギターを持って立てればそれでいい。ギター一本抱えて立てれば、渡り鳥のように旅して歌って生きていけたら、後はもう、特に僕は自分の生きる道に何も求めない。若い頃にアレコレやり過ぎたから、そういったシンプルな生き方に辿りついたのかもしれない。

あるいは、幼いころに毎日のように聴いた、小林旭の代表曲「ギターを持った渡り鳥」の影響であるのかもしれない。

とすればどうだろう、一度として気の合うことがなかったと感じていた亡き父と僕の、アキラ（と父は小林旭をそう呼んだ）を通し

ての理想の生きる道が、ここで一本につながったということなのかもしれない。

ビバリーヒルズ

近鉄奈良線近鉄奈良駅から徒歩2分。11～13時・19～21時、月休(祝の場合翌火休)。奈良市花芝町6　☎0742・26・7444　1980年創業の老舗。

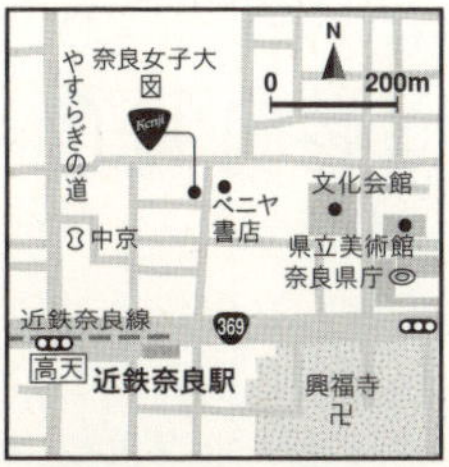

ネオンホール

長電長野線権堂駅から徒歩5分。長野市権堂町2344　☎026・237・2719　ライブのほか、演劇や舞踏、朗読会など多種多様なイベントが行われる。

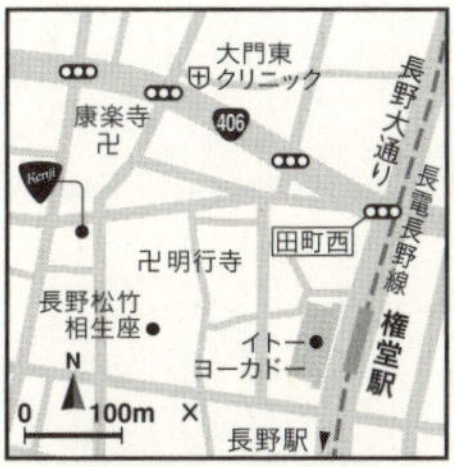

SOLE CAFE

地下鉄烏丸線北大路駅から市バス約5分「佛教大学前」下車、徒歩1分。カフェ営業時間11～15時、木・日・祝休。京都市北区紫野東蓮台野町10-16　☎075・493・7011　ライブは平日・週末問わず開催。

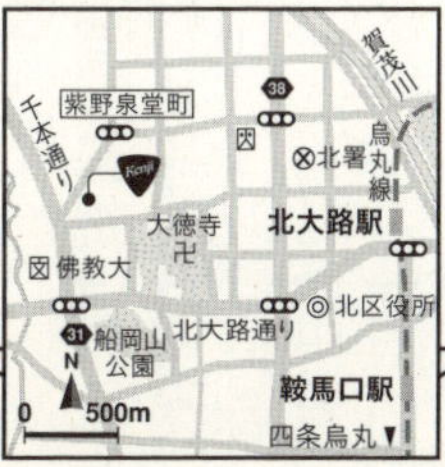

もっきりや

JRいしかわ鉄道線金沢駅からバス約10分「香林坊」下車、徒歩8分。12～24時、無休。金沢市柿木畠3-6　☎076・231・0096　ビール500円、ピザ700円。

Vol. 29

2016年2月号
『晴れたら空に豆まいて』『月見ル君想フ』『DRUM Be-1』

イラストコレクション

僕の夢もギターを持ってあちこち回ることです。なので二年前からギターを始め、今年からボイトレにも通い、最近ついに作詞もしました（曲はまだ）。最終的なゴールはオーツキ君の前座です

Vol. 32

2016年5月号
『ネイキッドロフト』『新宿ロフト』『ロフトプラスワン』

Vol. 35

2016年8月号
「日清パワーステーション」

『散歩の達人』連載時

喜国雅彦

Vol. 36

2016年9月号
「長野『ネオンホール』金沢『もっきりや』奈良『ビバリーヒルズ』京都『SOLE CAFE』」

特別対談

おじさんロッカーともなると楽屋に居住性を求めるんだよ

ステージがやたら高いとのぞき込むように歌うからツライ

大槻ケンヂ×アツシ
(ニューロティカ)

——80年代からバンドを始めて、日本全国の〝ハコ〟を知り尽くすお二方。まずはお客さんとして足しげく通ったハコの話から聞かせてください。

大槻　高校生の頃から『渋谷 屋根裏』(閉店)にはよく行ったなぁ。そこで、ケラさん(ケラリーノ・サンドロヴィッチ)が有頂天を結成する前に組んでいた伝染病のライブを観たり。

アツシ　『渋谷 屋根裏』だったら俺は、ダディ竹千代&東京おとぼけCatsを観た思い出がありますね。その時、チケットのもぎりをしてたのがROGUE《ローグ》の奥野(敦士)さんで。

大槻　奥野さん、働いてた! 『屋根裏』ってさ、渋谷センター街の中にあるピンサロの上にあって、高校生からしたらなんとなく怖

構成=中田宗孝

かったんだよね。
アツシ　わかる。
大槻　出演バンドもハードコアやパンク系が多かったじゃない。だからこんな都市伝説もあったの。パンクスに殺された客が『屋根裏』のビルと隣のビルの間に何人も投げ入れられて白骨化。今はその骨の山がビル3階まで達してるなんて。ホントにバカバカしいんだけど、高校生の頃はすっかり信じ込んでて「やべーよ、怖えーよ」って（苦笑）。
――『渋谷 屋根裏』は、1986年に下北沢へ移転。97年に、渋谷に再オープンしていますが2013年に閉店。『下北沢 屋根裏』も15年に閉店しています。
大槻　ん〜、でもね、下北沢からの『屋根裏』の雰囲気はもう別モノ。
アツシ　そうそう。経営母体から変わってますからね。当時の『渋谷 屋根裏』は、楽屋から登って行ける屋上があった。そこに、GHOUL《グール》のMASAMIさんに誘われたことがあって。
大槻　ああ、ハードコアパンクの。
アツシ　MASAMIさん、ファンの子が作ってきた切干し大根やひじき煮を食いながらお酒飲んでたの（笑）。「ウチのおばあちゃんが作る晩ご飯と同じだ！」なんて内心思ったけど、そんな家庭的なモン食ってたらパンクスじゃねーと過ごしていただけに、衝撃的な光景でしたね。
――ロック少年から筋肉少女帯、ニューロティカとバンド活動へ。初めてライブを行ったハコは？
アツシ　84年の『新宿JAM』が初演です。
大槻　あ、一緒なんだ！　僕らも『新宿JAM』なの（82年、筋肉少女隊名義）。『JAM』は、地下にあって、どこか怪しくて暗いハコなんだよね。
アツシ　実は初《しょ》っ端《ぱな》のライブで、我々ニューロティカは『新宿ＪＡＭ』出禁を喰らってます（苦笑）。

大槻　え、なんでまた。

アッシ　パトカーまで出動した騒ぎを起こしちゃって……。で、後日談があるんだけど、08年に『八王子Match Vox』で対バンライブをやったのよ。共演したロリータ18号のマーちゃん（石坂マサヨ）が、そのハコのオーナーを〝ジャムおじさん〟なんて親しげに呼んでて。話を聞くと『新宿ＪＡＭ』の元店長だから〝ＪＡＭ〟おじさんで、なんと俺らに出禁を告げた本人だったという。

大槻　あはは！

こんなところで⁉意外な場所での演奏経験

——大槻さんはソロで弾き語りライブも行っています。変わったハコでの演奏経験もあるようですが。

大槻　う〜ん、何度かお寺ではライブしてますね。みうらじゅんさんたちと共演した広島の『本願寺広島別院』、京都の『東寺』で開催したイベントに出演した時は、司会が膳場貴子さんだったのを覚えてるなぁ。

——中でも印象深いお寺ライブは？

大槻　京都の『西本願寺 聞法会館』のライブは驚いたな。ライブの前に、お坊さんが仏様の話をする法話の時間があったの。そして前座っていうのかな、法話が終わると、アコギを持った女僧が登場して弾き語りライブを始めたの！　しかもさ、結構元気があって会場を盛りあげてくれたんだよ。

アッシ　心が洗われそうな一夜だ。

——ニューロティカは、僻地《へきち》でのライブ経験は？

アッシ　変わってたのは、ボウリング場に併設されたハコ『徳島スエヒロプラザホール』（現・スエヒロボウル）かなぁ。ライブハウスというより、イベントスペースに近い場所で。俺ら以外のバンドも当時たくさん演奏してましたよ。

大槻　ボウリング場!?　ボウリングを隣でやってるハコなんだ!

アツシ　ニューロティカはそこで10回以上はライブしたはず。しまいには2DAYSを敢行して、ライブ終わりにファンとボウリング大会もしたよ。

一同　（爆笑）。

アツシ　俺、ボウリングのハイスコアが298で、ちょっと腕に覚えがあったから、ファンに見せつけようかなんて息巻いてた。だけど、ピエロのメイクを落とした後で、洗っても直ぐに落とせない脂が手に付いちゃって結果は散々。ファンから「あっちゃん、口程にもないじゃん」って言われて。

大槻　そういうのとっても悔しいよねぇ。

――弾き語りツアーをしたことで、バンド活動ではわからなかった発見もあったのでは?

大槻　うん、カフェライブを多くするようになるとね、お金の話になるけど100%キャッシュバックのハコが結構あるって気がついたの。

アツシ　ひとりで弾き語りライブをすれば一番もうかるっていうね。

大槻　そうだね。そんな100%キャッシュバックのハコ情報に異様に詳しいミュージシャンもいるのよ。名前は言えないけど。

アツシ　（笑）。後で誰かこっそり教えて。

大槻　もうかるお店をメモってる。

アツシ　俺もライブハウスだったら〝そういうハコ〟の情報はがっちり押さえてますよ。ニューロティカのボーカルのほかに、ブッキングと経理も担当してるんで（笑）。

大槻　その情報は大切だよね。うん。いわゆるアガリの大きいハコをツアーに組み込んで、ツアー全体のランニングコストにしていくんだもんね。

アッシ　そうそう。ツアー初日付近に組み込んだり、後半に入れてツアー予算の帳尻を合わせたり。例えば、キャパ500の2つのハコがあるとするでしょ。同じキャパなのに、満員にしても手元に残るギャラは大きく差がひらくなんてことが実際あるんですよ。そこは注意してブッキングしないと。さて、どのハコか。それは、ウチのライブに来てくれれば教えてあげます！

——パンクス魂と商魂が炸裂してますよ！

大槻　あとさ、音楽フェスの出演って、実はバンド側が赤字になることがあるよね。「ギャラは少ないです」どころか「ないです」なんて事前に伝えられるフェスもまあまあるんだよ。

アッシ　ギャラが低いフェスに出るか出ないかの判断は難しい。それでも魅力的なフェスは多いですから。かつて、とあるフェスの主催者に出させてくださいとお願いしたこともある。だけど足元みられて、普通に呼ばれるよりもギャラが低かった。

大槻　フェスは売り込むな、待て！

アッシ　されど待っても声掛からず！

演者には大事なハコの楽屋問題

——近年の音楽フェスでは、お二人は『夏の魔物』で共演しています。

大槻　本編にも書きましたが、『夏の魔物』は面白いよ。カオス。でも少しずつでも整備してくれたらなあ。

アッシ　『夏の魔物』の会場に着いてから俺が車の整理を手伝ったこともありました。成田君のお母さんが誘導係をしてたんだけど、見てらんなくて（苦笑）。フェス会場で交通整理をしたミュージシャンは後にも先にも俺だけですよ。あ、ストッパーもやりました

（笑）。

――『夏の魔物』は、楽屋とお客の仕切りも自由すぎた時もあったと聞いています。

大槻　あそこはそれがいいムードなんだよなあ。でもフェスに限らず、楽屋問題は警鐘を鳴らしていきたいな。若い頃は楽屋が狭くてもまったく問題ないけど、おじさんロッカーともなると楽屋に居住性を求めるようになるんだよ。

「夏の魔物」のバックステージにて。
人間椅子の和嶋慎治らと

アツシ　まったく同意。一度入ったらライブが終わるまで出られない楽屋、水道設備がない、トイレがない……これは大問題。

大槻　まだまだあるよ。対バンの時に欠かせないはずのステージの様子を写すモニターが楽屋にない、あっても映像が映らない、映って音は出てもザーザーとノイズが走ってまともに映像が見られない。早急に改善してほしいよね。

――昨年、『下北沢CLUB Que』が改装して楽屋も広くなったようです。

大槻　そうなの？　前は楽屋とフロアがパーテーションでしか区切られてなかったよ。『名古屋クラブクアトロ』は、今でも楽屋が1畳。ホントなの、ウソじゃない。でもトイレはあるんだよね（苦笑）。で、筋少の場合は、1畳スペースを僕が使って、他のメンバーは、スタッフ休憩室を楽屋代わりに使うの。ただそこが名古屋パルコのギャル服売り場に近くて、ユーロビートが大音量で音漏れしてくるの。ロッカーがそれを聞かされて本番を待つのはキツいよね。

アツシ　俺は『クラブクアトロ』だとPAの後ろにいる。そこが定位置。

大槻　え、あそこにいるの？　お客さんから丸見えじゃないの？

アツシ　パーテーションはあるから。誰か入ってくると「早く閉めて！　見えちゃうから」って（苦笑）。老舗の『会津若松ジャンダルム』の楽屋はオーナーの自宅で、冬に行くとコタツが置いてある。

大槻　うん、そういうハコあるね。京都の『SOLE CAFE』もそんな感じなの。楽屋が和室だったり、自宅のような場所で過ごしちゃうと、なんだか落ち着いて眠たくなるんだよね。

アツシ　これからロックするのにね（笑）。

――地方のハコにはアクの強いスタッフが多そうですね。

アツシ　それで言えば、最近、九州の老舗のハコのオーナーから出禁を言い渡されまして。

大槻　えー！

アツシ　出禁になったハコとライバル関係の、同じ九州のとあるハコに出演するのはご法度なんだけど、俺らライブしちゃって。老舗のハコのオーナーとは仲良かったんだけど一発アウト。

大槻　その土地土地に顔役のようなハコのオーナーがいて、見えない派閥もあるんだよね。

アツシ　顔役と言えば、『名古屋ELL』の〝しげさん〟。そこで昔、乱闘騒ぎ起こして、しげさんから「ここらで演奏できなくしてやるからな！」って詰め寄られたけど、俺らも若かったら「上等だよ！」と啖呵《たんか》切っちゃって。そしたら本当に2年近く名古屋でライブができなかった（苦笑）。

大槻　僕も『名古屋ELL』でライブ中に正露丸をバラ撒いたことがあったの。若くてバカだったんだよね。そしたらしげさんにこんこんと説教されたんだよなぁ。でも最近は、ミュージシャン仲間が口々に「しげさん円くなった」って言うよね。

アツシ　そうかも。長らく『名古屋ＥＬＬ』出禁だったけど、レピッシュのギターの（杉本）恭一くんの仲介もあって、しげさんと和解したんです。

客がステージに上がったり、ステージから落ちたり……

——ライブ中に起こった予測不可能なハプニングも聞いてみたいです。

大槻　『渋谷ＬＩＶＥ ＩＮＮ』（閉店）なんかは、特に〝揺れるハコ〟でライブ中は怖かったなぁ。

アツシ　うん。身の危険を感じる床揺れなんだけど、歌ってるとそれが心地良く感じる瞬間もあるんだよ。ステージがやたら高いハコだと、ずっと前かがみでのぞき込むように歌うんでツライかな。

大槻　でもさ、客と同じ目線のフラットなハコもやりにくいの。静岡の『すみやオレンジホール』だったと思うんだけど、会場がフラットで、歌ってたらお客さんがどんどん前に来ちゃって。気がついたら最前列のお客さんが僕の後ろにいるのよ。

アツシ　（笑）。

大槻　僕もだけどお客さんも目の前にドラマーしかいないもんだから困っちゃってね。しょうがないから、五木ひろしさんがこぶしを握ってるみたいに、時々振り向きながら歌ったんだよね。

アツシ　スピーカーによじ登ったり、全裸になったりは、若い頃なら必ずやるね。『汐留ＰＩＴⅡ』（閉店）では、よくステージから飛び降りて、その度に捻挫。

大槻　自発的な行動だからまだいいじゃん。僕なんてさ、『汐留ＰＩＴⅡ』のステージから当時のドラマーに蹴落とされたんだよ！　奇跡的に無傷だったけど、アレ下手したら大ケガしてたな（笑）。

アッシ　危ねー。

大槻　そういえば、一緒に出演した『よみうりランドEAST』(閉鎖) のイベントではさ、アッちゃん、会場中を駆け回ってたね (笑)。

アッシ　あれね。ライブ後、女性のプロモーターに呼び出されて「あなただけのコンサートじゃないんですからね!」って激怒されましたもん。シュンとなってる俺を見てみんなクスクス笑ってんだもんなぁ。仲間じゃねーのかよって思ったよね。

大槻　大の大人が怒られる。いいねぇ (笑)。

――ハコをめぐる対談も終わりが近づいてきました。最後に、自分たちのバンドの聖地だと思うハコを教えてください。

大槻　昔だったら〝筋少ちゃん祭り〟というイベントを開催していた『日清パワーステーション』(閉店) になるのかなぁ。5DAYSなんて、今思うと相当無茶なスケジュールでやってましたね。

アッシ　ウチは『新宿LOFT』で10DAYS (笑)。

大槻　ワンマンでそんなに!

アッシ　もう初日から最終日まで飲んだくれてた記憶しかないけどね (苦笑)。『LOFT』でのライブ数はニューロティカが一番で、これまでに283回 (16年9月末時点) ですね。

大槻　すごいねぇ。プロレスに例えるなら、大谷晋二郎選手が後楽園ホールで戦った回数と比較できるほどの偉業かもしれないねぇ。

アッシ　(苦笑)。ちなみに『名古屋クラブクアトロ』も60回 (16年9月末時点) で、我々が最多出演。

大槻　ハコの話だけどさ、実は元祖『渋谷

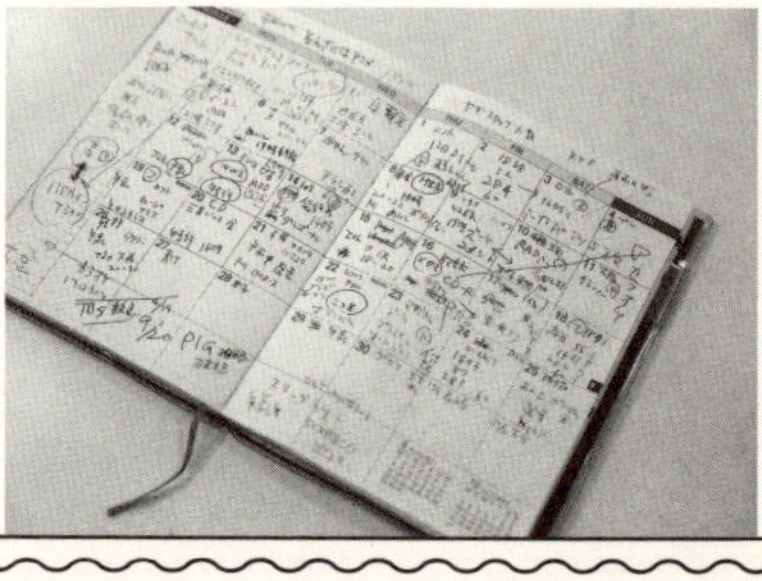

アツシさんの手帳。
ライブ回数などがこまめに書き込まれている
撮影／丸毛 透

屋根裏』の最後の日（86年8月）のライブは、僕ら筋少も出演したのよ。
アツシ　最後の日、俺は行ってないなぁ。
大槻　その日は、昼から始まって、色んなバンドがオールナイトでライブをしたんだけど、深夜に（忌野）清志郎さんが飛び入りで出演して大盛りあがりでさ。当時すでにRCサクセションは大人気だったからライブ後なんて大混乱するじゃない？　だから、刑事に捕まった犯人みたいに毛布を被せられた清志郎さんがスタッフに抱きかかえられて『屋根裏』を後にした姿が印象的だったな。
アツシ　へぇ〜。
大槻　で、夜中になればなるほど、お客も演者も『屋根裏』に全然入れないの。満杯で。だから彼らは、渋谷センター街でギター弾いたりパーカッション叩いたりして自由気ままに演奏を始めるんだよね。それで各々が朝を迎えたという。
アツシ　それがロックとハコの理想の風景だよね。

アツシ

1964年、八王子のお菓子のお店『藤屋』の息子として生まれる。1984年にニューロティカを結成し、ピエロ姿でボーカルを担当。最新作『サイモンガール☆ファンガール』まで15枚のアルバムを発表。2016年、バンドが八王子観光PR特使に任命された。ライブバンドとして知られており、これまでに1874回（16年9月25日時点）のライブを行う。同じく9月に新宿アルタ前でフリーライブを行い、3000人を動員。

PROFILE

大槻ケンヂ(おおつきけんぢ)
1966年2月6日生まれ。インディーズで活動した後、1988年6月21日筋肉少女帯でメジャーデビュー。バンド活動と共に、エッセイ、作詞、テレビ、ラジオ、映画など多方面で活躍中。小説では「くるぐる使い」「のの子の復讐ジクジク」で 2年連続「星雲賞」を受賞。「グミ・チョコレート・パイン」など映画化作品も多数。1999年「筋肉少女帯」を脱退後、「特撮」を結成。現在も復活した筋肉少女帯と共に活動中。さらに、「大槻ケンヂと絶望少女達」、「電車」他、多数のユニットと弾き語りでもLIVE活動を行っている。

ライブハウスの散歩者

2016年11月1日　第1刷発行

デザイン	細山田光宣＋大池 聖（細山田デザイン事務所）
撮影	大串義史
イラスト	喜国雅彦
地図	株式会社 国際地学協会
編集	久保拓英
編集人	武田憲人
発行人	江頭 誠
発行所	株式会社 交通新聞社 〒101-0062 東京都千代田区神田駿河台 2-3-11 NBF 御茶ノ水ビル 編集部 ☎03・6831・6560 販売部 ☎03・6831・6622 http://www.kotsu.co.jp/
印刷／製本	凸版印刷株式会社

ISBN978-4-330-73216-9